묵상,

그 위대한 발걸음을 당신이 시작하셨습니다

송은진 지음

글과길

추천사

한때 한국교회에 큐티(Quiet Time) 열풍이 분 적이 있다. 그 과정에서 잘못된 공식이 자리를 잡았다. 큐티=적용이 그것이다. 이는 진정한 큐티의 의미를 이해하지 못한 것이다. 큐티에서 가장 중요한 것은 묵상이다. 말씀을 읊조리며 그 말씀의 주인이신 하나님을 알아가는 것이다. 어떤 광고에서 표현했듯이 씹고, 뜯고, 맛보고, 즐기는 것이다. 눈에 보이는 찰랑거림의 해변이 아닌 숨겨져 있는 비밀이 가득한 심연으로 가는 것이다. 말씀 속에, 하나님과의 교제 가운데 가득 찬 보화를 찾으러 가는 길이다.

제자인 송은진 목사가 풀어내는 묵상은 어려운 길을 조금 쉽게 다듬어 놓았다. 등산길에 누군가 나뭇가지에 매달아 놓은 리본과 같이 묵상이라는 숲을 잘 헤쳐 갈 수 있도록 안내하고 있다. 무엇보다 자신이 고민하고 갈등하며 걸어가는 길이기 때문에 누군가 자신과 함께 그 길을 가자고 손을 내밀고 있다. 그 손 잡으면 묵상을 통한 기쁨을 만끽할 것 같은 기대가 생긴다. 많은 사람들이 함께 비밀의 심연으로 가는 묵상 길에 동참하기를 기대한다.

나상오 교수 | 백석대학교 실천신학 교수

나는 성도로 부르심을 받은 이후, 에녹처럼 하나님과 동행하는 삶을 꿈꾸었다. 이번에 출간하는 송은진 목사님의 『묵상, 그 위대한 발걸음을 당신이 시작하셨습니다』로 이에 대한 선명한 방향과 지침을 다시 얻게 되었다.

하나님과의 사귐과 동행을 '건강의 비결인 매일 먹는 밥'처럼, '365일의 연애처럼' 이해가 쉬운 필치로 단숨에 독자의 시선을 끝까지 끌어간다. 그뿐 아니라 명확한 개념 정리도 주목할 대목이다. 개념이 선명하지 않을 때, 지속성을 잃게 되고 무게감이 가중 된다. 그런 이유에서 이 책은 하나님과의 교제로서의 묵상에 쉽게 다가갈 지침서가 된다. 또한, 이 시대의 신망 있는 영적 지도자들의 글과 가르침을 다수 인용함으로 이 부분에 대한 공감대를 더욱 확장시켜 주었다.

이 책이 더욱 돋보이는 것은 이론에만 머물지 않고 묵상의 실제를 재현했음이다. 목사님 본인이 하나님과의 구체적인 교제로서 묵상의 현장을 어린 시절부터 살아낸 것이다.

그러므로 오늘, 이 책이 당신의 손에 닿았다면 당신은 하나님의 사랑의 숨결을 오늘부터 매일 체감하는 삶을 평생 살아가게 될 것이다.

이정훈 목사 | 열방의빛교회

인간의 참된 변화는 정말 가능한 것일까? 저자는 이 질문에 그가 우주의 창조자 하나님을 진정으로 만날 때만 가능하다고 답한다. 그것은 하나님의 말씀 앞에 지속적으로 서 있어야 한다는 것을 내포한다. 물론 현대인이 분주한 일상의 삶에서 말씀을 통해 하나님을 정기적으로 만난다는 것은 결코 쉬운 일이 아니다. 하지만 아이러니하게도 참된 변화를 위해서는 그 방법이 유일무이하다. 그 방법을 통해 하나님을 더욱 알게 되고 자신의 실존을 더욱 깊이 깨달을 수 있기 때문이다. 저자 송은진 목사는 독자에게 실질적인 묵상 방법들을 제공하면서 그런 묵상을 한번 시도해 보라고 도전한다. "천리길도 한 걸음부터"라는 속담이 있지 않던가. 송은진 목사의 담담하면서도 의미심장한 도전에 기꺼이 동참해 볼 것을 권해본다.

방정열 목사 | 안양대학교신학대학원 겸임교수

묵상! 하고 싶다. 대충 하고 싶지 않다. 깊이 하고 싶다. 깊은 묵상
으로 하나님을 깊이 만나고 싶다. 그런 길을 제시하는 책이 출간되
었다. 『묵상, 그 위대한 발걸음을 당신이 시작하셨습니다』다.

이 책은 묵상이 어려운 사람부터 묵상의 맛을 느끼고 싶은 사람
까지 만족시켜 준다. 그리고 묵상을 통해 하나님의 사람답게 신앙
생활 할 수 있도록 한다. 그 비결은 묵상의 시간이 벽이 되는 시간
이 아니라 놀이터에서 즐겁게 시간 보내면 가능하다.

이 책은 이론서만의 책이 아니다. 이론, 방법 그리고 실습까지 담겨
있다. 이 책 한 권이면 묵상을 시작부터 높은 단계 묵상까지 할 수 있
다. 이 책과 함께 말씀을 묵상하여 행복한 신앙생활 하기를 기대한다.

김도인 목사 | 아트설교연구원 대표

프롤로그

기독교 키워드는 '변화'이다.

'나'라는 사람의 존재 가치의 변화이다.

세상에 익숙해져 버린 나에서 하나님 나라에 편입되는 변화, 세상 것만을 보고, 품고, 꿈꾸려 했던 자리에서 하나님 나라의 가치를 믿음으로 살아내려는 변화이다.

기독교 변화는 긴 시간의 변화이다.

세상도 변화를 말한다. 그런데 이 변화는 나를 다른 이보다 앞세우기 위한 변화이고, 나를 자랑하기 위한 변화이며, 업적을 쌓기 위한 변화이다. 엄밀히 말해 변화가 아닌 내가 누구보다 뛰어난 사람임을 증명하려는 억척스러움이다.

우리는 지금 나에 대한 과도한 관심을 쏟으며 사는 세상 가운데 있다. 내가 무엇을 좋아하며, 무엇을 싫어하며, 무엇에 기뻐하며, 무엇에

슬퍼하는지 참 애정이 과하다. 그런들 나라는 사람 존재를 깨닫게 될 수 있을까.

기독교 변화는 나에게 집중되거나 몰입하여 계발시키는 변화가 아니다.

존재 가치의 변화이다. '나' 존재 가치의 변화.

존재 가치의 변화는 나로부터 시작되지 않는다.

나를 만드신 이로부터 예리하고 예민한 그리고 내밀한 그 손길에서부터이다.

그 '변화'는 하나님 말씀 앞에 나를 세우면서부터 시작된다.

우리는 하나님이 필요한 사람들이다.

이 세상 모두 하나님 손길이 필요하다.

이 사실을 인정하며 수용하는 것에서부터 내 존재 가치 변화는 시작된다.

기독교는 계시의 종교이다. 하나님 말씀을 듣는 종교이다. 하나님이 말씀하심으로부터 시작된 종교이다. 우리는 그 말씀 안에 있고, 그 말씀을 품고, 그 말씀 하심을 따라 살아야 하는 피조물이다.

이 책은 예수님을 만나길 소망하는 아이 같은 사람을 위한 글이다. 그러나 오랜 시간 기독교 공동체에 몸담은 사람도 내가 이쯤에서 잘 가고 있는지 확인할 수 있는 글이다.

무언가를 안다고 생각할 때쯤 되짚어 생각할 수 있는 글이다.

하나님을 새롭게 만나고 싶은 사람들에게, 하나님과 나눴던 첫사랑 걸음을 오래 걷고자 하는 이들에게도 디딤돌이 되는 글이길 간절히 바란다.

이 글은 한 사람의 노력 결과가 아니다.

먼저는 글을 쓸 수 있도록 지도 편달을 아끼지 않으신 출판사 글과 길 김도인 목사님께 깊은 감사를 드린다. 또한 나를 목사로, 엄마로, 아내로 살아갈 수 있도록 언제나 내 편이 되어주는 남편에게, 엄마의 손길이 아직은 필요한 자신들을 스스로 챙겨준 아들 예준이와 딸 예지에게 고마움을 전한다. 나와 같은 길을 가는 많은 분의 응원과 지지가 있었음을 고백하며 깊은 감사와 고마움이 이 책으로 전달되길 바란다.

목차

1장

나에게
너무 버거운 묵상

묵상, 나만 힘들어(?)

묵상, 나만 힘들어

묵상은 목사인 나도 힘들다. 묵상을 묵상답게 하려면 누적된 시간이 필요하기 때문이다.

그 시간 앞에, 그 시간 안에, 그 시간과 함께 걸어갈 여유가 없어서 나는 힘들었다.

2020년 12월 20일 교회를 오래 다니신 분이 찾아왔다.

"목사님, 나는 하나님의 말씀을 묵상하는 게 너무 어려워요. 무슨 말인지 이해가 안 돼요"

"묵상이 얼마나 중요한지는 알겠는데…. 나는 하고 싶은데…. 잘하고 싶은데. 너무 버거워요."

그분의 안타까운 마음이 그대로 전해졌다.

나는 그분과 그날 그 시간에 그 마음을 공유했다.

나도 힘들다. 너도 힘들다.

홀로 있는 시간 나는 나에게 물었다.

"그래, 묵상이 어렵지, 하나님 말씀이 어렵지…"

그 순간 다시 물었다.

"묵상이 어려워?"

"묵상이 그토록 버거워?"

묵상이란 무엇인가?

하나님 말씀을 물고, 뜯고, 맛보는 일이다.

내가 이 땅에서 하나님 말씀을 얼마나 소중하게 여기며 사는지를 드러내는 행위가 묵상이다.

하나님과 나라는 관계를 오늘 새롭게 발견할 수 있는 유일한 방법이 묵상이다.

그런데 왜 묵상이 어려울까?

아니 왜 버겁게 느껴질까?

혹시 나만 힘든 건 아닐까?

묵상을 가르치고 있는 내가 힘들게 만든 건 아닐까. '아차' 싶었다. '목사인 나도 해내지 못하는 묵상을, 그 깊은 시간을 성도에게 강요하고 있었구나'

기독교인들에게 성경은 아주 중요하다. 모르는 성도는 없다.

2023년 7월 10일자 자유일보에 기사가 실렸다.

"한국교회 성도들, 하루 9분 성경 읽고 24분 기도한다."

"한국교회 성도들이 하루에 평균 성경을 9분 정도 읽고, 24분 정도 기도하는 것으로 조사됐다. 10명 중 3명은 경건의 시간(QT)을 갖는 것으로 나타났다."[1]

한국교회 성도들에게 묵상, 경건 시간은 이미 중요하다.

10명 중 3명이 묵상에 참여하는 데도 우리는 힘들다.

묵상하면서도 묵상이 무엇인지 모른다. 모르면서 하고 있다.

나도 힘들다. 너도 힘들다. 우리 모두 힘들다. 신앙생활 30년 차도 힘들다.

묵상은 나만 힘들지 않다. 우리 모두에게 힘겨운 일이다.

무엇이 우리를 이토록 버겁게 하는 것일까.

묵상, '용어'가 무겁다

'묵상'이라는 용어의 무게가 우리를 힘들게 한다.

하나님 말씀을 곱씹는 시간을 '큐티', '경건 시간'이라 칭한다.

시간이 지나면서 이 용어들에 하나님 말씀을 곱씹는 그 무거운 시간을 담을 수 없게 되자 '묵상'이란 말을 사용하기 시작했다.

그리스도인들에게 '묵상'은 조용한 시간에 고요히 하나님 말씀을 살피는 일로 이해한다.

한 마디로 잠잠히 있는 시간이다. 묵상을 뭔가 비워내는 명상이라 지레짐작한다.

자신도 이해가 안 되는 적확하지 않은 용어가 우리를 더욱 힘들게 한다.

기독교 '묵상'은 무엇일까?

성경에서 묵상은 자신을 비워내는 조용한 시간이 아니다.

오히려 하루 종일 입으로 하나님 말씀을 중얼거리는 일, 곧 '되새김질하는 일'이다.

하나님 말씀을 묵상하는 일은 오히려 조용한 시간이 아니다.

부산스러울 정도로 계속되는 중얼거림, 되새김질을 위한 읊조리는 시간이다.

『모든 사람을 위한 성경 묵상법』의 김기현 목사는 "묵상은 소리 내어 읽기"라고 전하고 있다.

"묵상은 히브리어로 '하가'라는 단어인데, 문자적으로는 '중얼거리다' 혹은 '속삭이다'라는 뜻입니다. '무언가를 깊이 숙고하다.'는 뜻의 묵상과 다소 거리가 먼 단어입니다. 그냥 읽기입니다. 사고하는 능력에 대한 것이라기보다는 읽는 동작 자체를 가리킵니다.

놀랍게도 저 단어는 의성어입니다… 성경이 말하는 묵상이란 생각하는 것이 아니라 소리 내어 읽는 행동을 가리킵니다."[2]

우리가 지레짐작으로 어려워했던 '묵상'은 사실 '생각하는 사고'가 아니라 '읊조림' '중얼거림' 하나님 말씀을 기억하기 위한 "소리 내어 읽는 행위"이다.

하나님 말씀을 내 입술로 소리 내어 읽고, 읽고, 읽고 하는 모든 움직임을 '묵상'이라 한다.

묵상은 그 말씀을 붙잡아 내 속에 심기 위한 반복 된 웅얼거림이다.

그 웅얼거림이 하나님 임재 안에 머물게 한다.

묵상은 하나님이 그토록 원하시는 사랑 행위이다.

묵상은 지식을 쌓기 위한 어떤 행위가 아니다.

묵상은 하나님 말씀을 분석하기 위한 도구가 아니다.

오히려 묵상은 하나님 말씀으로만 살고픈 '온몸 행위'이다.

우리는 '묵상'이 무엇인지 알고 참여하는가.

그 '묵상'을 다른 이들에게 설명할 수 있는가.

10명 중 3명이 하는 그 묵상, 우리는 무어라 정의하는가.

교회 출석하는 성도에게 묵상은 신앙생활 중 기본이다.

당연한 묵상이기에 자신이 이해되지도 않고 정의할 수 없는 그 용어에 질문 한 번 하지 않은 채 사용했다.

하나님과 절절한 만남인 그 말씀 묵상.

곁눈질하며 따라쟁이로 살겠는가.

하나님을 알고 나를 발견하는 감격 속에 은혜로 살겠는가.

각자가 설명할 수 있는 묵상이어야 한다.

이런 묵상만이 하나님 관계 속에 나를 발견하는 내밀한 시간으로 채워갈 수 있다.

묵상, '과정'이 힘겹다.

묵상 과정이 힘들다. 아니 힘겹다.

묵상을 시작할 때 우리는 묵상에 관하여, 곧 그 묵상 과정을 먼저 익히고 배웠다.

하나님과 만나는 시간이 너무 복잡해졌다. 그 가슴 떨리는 감격스러운 시간과 공간이 공부해야 얻을 수 있는 무언가가 되었다.

공식을 알면 문제를 쉽게 해결할 수 있다고 생각하는 세상 패턴 그대로 묵상에 적용했다.

과제에 만점을 받아야 하는 우리의 조급함이 과정을 꼭 거쳐야 하는 관문으로 만들었다.

이 과정은 어디에서 비롯되었을까?

세상 가치관이다. 급한 우리에게 빠른 결과를 주기 위한 공식을 묵상에 적용했다.

공식이란 무엇일까?

"기본적인 이론의 틀"이다. 이 공식을 그대로 묵상에 대비하여 배우게 되었다.

세상 속 소금과 빛인 성도가 세상 방식으로 창조주를 얻으려 했다.

"교재에서 정해준 분량의 말씀을 읽고, 설명을 보고, 이해 안 된 단어의 뜻을 찾고, 적용하고"

물론 이 과정이 필요 없다는 말이 아니다.

이 과정은 분명 필요하다. 하나님 말씀을 온전히 읽어내기 위한 과정이다. 중요한 과정이다. 그러나 묵상이 무엇인지 스스로 생각은 해 봤을까?

스스로 찾아내려는 질문 없이 묵상을 공식화한다.

무조건 수학 몇 점, 국어 몇 점을 받는 일처럼 말이다.

공식처럼 배운 묵상을 나에게 적용하다 보면 늘 우리를 찾아오는 찜찜한 마음 한 자락

'매일 적용이 같네.'

그러다 보니 묵상처럼 보이는 것을 선호한다.

'나' 만을 위한 묵상법이다. 과정 없이 뚝딱 해결하는 묵상이다.

묵상은 '하나님과 나'라는 관계를 돈독히 한다.

그런데 '하나님과 지음받은 나'라는 사람 아니라 '나' 만을 위한

묵상이 되었다.

'힘든 순간을 이기기 위한 성경 구절 묵상'

'위로가 필요한 순간을 위한 성경 구절 묵상'

'절망이 찾아올 때 읽는 성경 구절 묵상'

이 흐름은 하나님 말씀을 우리 입맛에만 맞춘 도구이다.

하나님 말씀을 묵상하는 목적이 무엇인가?

하나님 말씀 묵상은 때에 맞추어 나를 위로하기 위한 도구가 아니다.

우리가 기억할 일은 묵상이란, 하나님과 내가 어떤 관계인가를 확인하는 과정이다.

하나님 말씀을 묵상하는 일은 먼저 하나님을 보게 된다. 그리고 내가 보이는 과정이다.

하나님 말씀 묵상 핵심은 내가 아니라 하나님이다.

『묵상의 여정』 박대영 목사의 말을 들어보자.

"숱한 QT 이론이나 묵상 교재들은 자칫 우리를 마비시키는 심리적 마취제가 되어 이런 영적 감수성과 자발적인 영적 수용성을 둔감하게 하고, 단지 우리의 기분을 더 좋게 하는 수단이 되고 있는지도 모른다. 자기 자신에 대한 묵상은 자기 한계를 인정해야 하는 고통스런 과정이다. 그래서 아침마다 기도하고 성경을 펼쳐서 묵상하는 일은 매번 결심이 필요한 일이다. 하나님이 찾으시는 나와 하나님을 만나러 가는 나 사이의 엄청난 간극이 늘 내 발걸음을 무겁게 하는 것이다."[3]

하나님 말씀을 듣는 나, 그리고 그 말씀 안에서 한계를 마주하는 내가 있다.

창조주 하나님과 피조물인 내가 서로 마주 보는 시간이다.

창조주와 피조물의 극적인 만남, 그 사이에 진실을 확인해야 하는 피조물이 바로 나이다.

고통스러운 시간이다.

하나님 말씀은 어떤 일이 일어났을 때 해답을 찾기 위한 도구가 아니다.

하나님 말씀은 해답용이 아니다.

'나' 만을 위한 말씀이 아니라 '하나님이 나에게' 들려주시는 말씀이다.

하나님 말씀 묵상에 공식은 없다.

묵상을 잘하는 7가지 비결은 없다.

묵상은 하나님과 나의 관계를 맺는 중요하고 긴 과정의 시간이다.

하나님이 주신 말씀이 내 안에 녹고 녹는 누적 된 시간이 묵상이다.

간단히 끝낼 수 있는, 숙제를 마치듯, '참 잘했어요'를 받으며 덮는 행위가 아니다.

묵상은 내 삶이 하나님 말씀으로 변화되는 과정이다.

또한 죽을 때까지 지속되어야 할 과정을 포함한 여정이다.

묵상 공식은 없다. 긴 기다림의 과정이 있을 뿐이다.

그 긴 시간을 버틴 자에게만 하나님 말씀이 지닌 기가 막힌 놀라운 세계로 들어가게 된다.

묵상과 나 사이에 벽이 있다.

묵상은 '넘사벽'일까

묵상은 '넘사벽'이 아니다.

'넘사벽', 곧 '아무리 노력해도 자신의 힘으로는 격차를 줄이거나 뛰어넘을 수 없는 상대를 가리키는 말이다.'[4]

묵상은 누군가를 위한 일이 아니다.

내가 이만큼이나 노력하고 있다고 내세우는 스펙이 아니다.

어떤 단계가 있어 한 단계를 해결하면 마일리지가 쌓이는 그런 류가 아니다.

내가 오늘 묵상을 하고 있다고 하여 그럴듯한 사람이라고 드러나지 않는다.

묵상은 하나님과 나라는 관계를 맺어주는 정직한 도구이다.

아무나 할 수 없는 일을 해낸 성취감도 없다.

오히려 묵상은 하면 할수록 내가 가진 연약함과 마주하게 된다.

내 속 가장 밑바닥 민낯을 보게 되어 괴로운 시간일 수 있다.

내가 꽤 괜찮은 사람이라 생각하며 사는데 사실 나는 꽤 괜찮은 사람이 아니다.

음흉하고, 자기밖에 모르는 이기적인 동기로 일을 하고, 이익 때문에 친절한 척하는 철저히 가면에 가려진 진정성 없는 죄로 덮인 인간이다.

바울 사도는 로마서에서 '나'라는 민낯 실체를 보게 되지 않던가.

"그러므로 내가 한 법을 깨달았노니 곧 선을 행하기 원하는 나에게 악이 함께 있는 것이로다 내 속사람으로는 하나님의 법을 즐거워하되 내 지체 속에서 한 다른 법이 내 마음의 법과 싸워 내 지체 속에 있는 죄의 법으로 나를 사로잡는 것을 보는도다 오호라 나는 곤고한 사람이로다 이 사망의 몸에서 누가 나를 건져내랴" (롬7:21~24).

하나님 말씀 앞에 선 우리는 모두 죄인이다.

우리 출발선은 같다.

이 세상이 말하는 금수저도, 흙수저도 없다. 다만 죄인이 있을 뿐이다.

묵상은 '넘사벽'이 되기 위한 작업이 아니다.

묵상은 오히려 가장 처절한, 자신 속 어두움을 발견한 사람이 할 수 있는 몸부림이다.

『아래로부터의 영성』 안셀름그륀은 고백한다.

"나는 나의 약점과 무능을 피하지 않고, 내가 지닌 공허와 무의욕과 화해하고 하느님 앞에 내놓으면서 시편 작가와 함께 이렇게 기도한다.

나는 미련하여 아무것도 몰랐습니다.

당신 앞에서 한 마리 짐승이었습니다.

그래도 나는 당신 곁을 떠나지 않아

당신께서 나의 오른손을 잡아주셨사오니,

나를 타일러 이끌어주시고

마침내 당신 영광에로 받아들여 주소서(시편 73:22-24)"[5]

묵상은 어떤 깊은 영성을 지닌 사람만이 하는 일이라 우리는 오해한다. 그리고 스스로 벽을 세우지 않았던가. 내가 아닌 더 실력 있는 사람이 해야 한다는 이 세상 가치관을 그대로 묵상에도 적용하고 있지 않았던가. 나도 모르게 묵상을 할 수 있는 사람 등급을 매기고 있었다.

어쩜 이 생각도 하나님 말씀을 묵상하고 싶지 않아 회피하는 몸부림은 아니었을까.

우리 정직해지자.

하나님 말씀을 떠나서 우리는 살 수 없다. 우리 모두 이 사실에 동의한다.

우리 하나님 말씀을 듣는 자리, 읽고 새기는 그 자리에 동참하는 용기를 가져보자.

하나님 말씀 묵상에는 '그사세들(그들만이 사는 세상) 넘사벽'은 존재하지 않는다.

지극히 평범한 내가 묵상을 시작하는 일로 증명해보자.

묵상은 '나'라는 벽을 넘는 일이다

묵상은 나를 넘어서는 일이다.

하나님 말씀을 묵상함은 '나'라는 벽을 넘어설 수 있게 한다.

하나님 말씀은 살아있다. 그 말씀을 붙잡고자 보고 또 보고, 읽고 또 읽다 보면 '나'를 새롭게 만나게 된다.

히브리서 기자는 단호히 말한다.

"하나님의 말씀은 살아있고 활력이 있어 좌우에 날선 어떤 검보다도 예리하여 혼과 영과 및 관절과 골수를 찔러 쪼개기까지 하며 또 마음의 생각과 뜻을 판단하나니 지으신 것이 하나도 그 앞에 나타나지 않음이 없고 우리의 결산을 받으실 이의 눈앞에 만물이 벌거벗은 것 같이 드러나느니라" (히 4:12-13).

하나님 말씀은 살아있다.
그 살아있음은 나를 변화시키는 말씀이다.
그 살아있음은 피조물인 나를 만나게 한다.
이 세상 사람이 만든 책도 열심히 읽고 스스로 찾으려 한다면 자신을 발견할 수 있다고
『문해력 공부』의 저자 김종원 작가는 말한다.

"온갖 교양과 지식을 간단하게 정리해서 엮어 낸 책은 언제나 베스트셀러를 차지한다. 구성상 약간의 변주(變奏)만 있을 뿐 안에 녹아 있는 내용은 다르지 않다. 그런 책은 변화를 위해 읽는 것이 아니기 때문이 아니라, 스스로 얻은 지식이 아니라면 그 어떤 것도 자신에게 주입할 수 없고, 아무리 강제로 주입해도 자신의 무기가 될 수 없기 때문이다."[6]

사람이 만든 책도 읽으면서 자기 자신을 통과해야 답을 찾고, 찾은 답은 무기가 될 수 있다고 한다. 하물며 살아있는 이 세상을 만드신 하나님 말씀은 어떠하겠는가.

하나님 말씀을 묵상하는 일은 진짜 나라는 사람의 주인 말씀으로 인정하는 시간이다.

그 쌓이는 시간이 결국 하나님 자녀인 나를 마주하게 한다.

말씀 속에서 발견한 나는 내가 생각했던 내가 아니다. 내가 나인 줄 알았던 내가 아니다.

하나님 말씀을 읽고, 읽고, 읽고, 그 과정은 가장 깊은 하나님 애정 어린 손길로 지어진 나를 만나게 된다. 하나님 말씀이 가진 힘이다.

"우리가 지니고 있는 지혜, 즉 참되고 건전한 지혜는 거의 모두가 두 가지 부분으로 되어 있으니, 곧 하나님을 아는 지식과 우리 자신을 아는 지식이 그것이다. 그러나 이 두 지식은 갖가지 끈으로 서로 연결되어 있어서, 그 중 어느 것이 먼저 오며, 또 어느 것이 그 뒤에 결과로 따라오는 것인지를 분간하기가 쉽지 않다. 무엇보다도 우선, 사람은 하나님 안에서 '살며 기동하므로'(행17:28), 누구든지 자기 자신을 바라보는 순간 곧바로 하나님을 묵상하는데에로 생각이 옮아가지 않을 수가 없다. 왜냐하면 우리가 가진 그 굉장한 재능들도 그 근본이 우리 자신들에게 있는 것일 수 없다는 것이 너무 분명하며, 사실상 우리의 존재 자체가 한 분 하나님 안에서 생존하는 것 이외에 아무것도 아니기 때문이다." [7] 『기독교강요』 존 칼빈 선생의 말이다.

나는 나를 오해했다. 하나님 말씀 안에서 발견한 내가 진짜 나이다.

그 말씀이 지닌 힘은 내가 오해했던, 홀대했던 '나'라는 벽을 넘어 하나님이 만드신, 하나님께서 친히 생기를 부어주신 나를 마주하게 된다.

나를 친히 알고 싶다면, 만나고 싶다면 하나님 말씀을 깊이 보는 시간을 내야 한다.

진짜 나는 어떤 모습일까.

묵상은 '세상' 벽을 넘는 일이다

묵상으로 이 세상 벽을 넘어야 한다.

이 세상에서 우리가 하는 묵상은 세상이 결정한 벽을 넘는 유일한 길이다.

세상은 말한다. "내가 가장 중요하다고" "지구는 내 중심으로 돌고 있다고" "내가 세상에 주인공이라고".

우리는 현재 자기애가 충만한 시대에 살고 있다.

내가 가장 중요하다. 내가 가장 소중하다. 나를 가장 사랑한다.

모두 옳은 말처럼 들리지만 사실 이 말은 옳지 않다.

이 세상에 내가 가장 중요한가?

이 세상은 나를 중심으로 돌고 있는가?

이 세상은 내가 주인공인가?

세상이 단정 진 말을 질문으로 바꾸면 '정말 그런가?' 생각하게 된다.

묵상은 나라는 사람 위치를 발견하게 되는 과정이다.

묵상은 세상 흐름을 보게 하는 통찰력을 갖게 한다.

하나님이 먼저다. 하나님이 이 세상 주인이시다. 하나님이 이 세상을 만드셨다. 지구는 하나님께서 돌게 하신다. 하나님이 가장 중요하다.

인생의 가장 중요한 목적이 무엇인가?

『웨스트민스터 대요리 문답』 제 1문에서 말하고 있다.

"사람의 첫째 되고 가장 높은 목적은 무엇입니까?"

"사람의 첫째 되고 가장 높은 목적은 하나님을 영화롭게 하고, 그분을 영원토록 온전히 즐거워하는 것입니다."[8]

우리 인생 가장 중요한 목적은 하나님을 영화롭게 하는 일이다.

우리 삶에서 가장 중요한 목적은 하나님을 영원토록 즐거워하는 일에 있다.

묵상은 세상이 말하는 대로 살지 않도록 나에게 힘을 준다. 통찰력을 얻게 한다.

누군가와 경쟁하며 살아야 하는 세상이, 누군가와 공생하며 사는 곳임을 발견하게 된다.

한 번뿐인 인생을 목적지도 모른 채 무작정 뛰겠는가.

아니면 내가 집중해야 하는 일과 바라보아야 할 목적지를 온전히 보며 살겠는가.

묵상은 이 일을 가능케 하는 도구이다. 하나님과 나를 연결하는 가장 귀중한 통로이다.

나를 객관적으로 확인할 수 있는 일은 자기 계발서가 아니다. 하나님 말씀에 귀 기울일 때이다. 나를 온전히 마주할 수 있는 일은 하나님 말씀을 새겨들을 때이다.

세상 기준이 아닌 하나님 말씀을 기준으로 살 때 세워진다.

막강한 세상 벽을 오직 하나님 말씀으로 넘은 우리 선배들이 있다.

살아있는 말씀 증거자 루터 선생이다.

루터는 묵상을 "성경으로부터 받는 조명"이라 했다. 그리고 자신이 묵상 한 그 말씀으로 종교개혁 문을 열었다. 그의 생생한 이야기를 들어보자.

"무엇보다 먼저 성경이 다른 모든 책을 어리석은 것으로 만드는 책이라는 것을 알아야 합니다. 왜냐하면 어떤 책도 성경만이 할수 있는 것 즉 영원한 생명을 가르치는 일은 하지 못하기 때문입니다.… 성경을 이해하기 위해 가장 먼저 필요한 것은 기도입니다. 두 번째로 당신이 해야 하는 것은 묵상입니다. 다시 말하면 가슴뿐만아니라 입으로 소리 내어 성경 말씀을 문자적으로 계속 반복하여주도면밀하게 읽고 또 읽어야 하며 성령님께서 그 말씀으로 무엇을 의도하시는지를 깊이 상고해야 합니다. 당신이 그 말씀을 싫증내지 않도록 주의하고 또한 당신이 두 번 읽은 것으로 충분히 읽고 듣고 말했다고 생각하여 모든 것을 근본적으로 다 이해한다고생각하지 않게끔 주의하십시오. 그렇게 주의하지 않는다면 어떤훌륭한 신학자도 결코 성장하지 못하기 때문입니다."[9]

　높은 세상 벽은 세상 실력으로 넘지 못한다.

　높은 세상 벽은 하나님 말씀으로만 넘을 수 있다.

　그 말씀이 생생한 내 이야기가 될 때 어떤 벽도 우리는 넘어설수 있다.

　각자도생(各自圖生)이 아닌 말씀 묵상이 지닌 힘으로 말이다.

묵상, 이대로 좋은가

묵상, 이대로 좋은가

묵상, 이대로 좋지 않다.

　"묵상은 나에게 이것이다."라고 정의할 수 없다면 그 묵상은 이대로 좋지 않다.

　남들이 하니까, 다들 하니까 그런 건 나와 상관없다. 다른 사람 일이다.

　나를 통과하는 시간을 거치지 않았기 때문이다.

　누적된 시간 없이 하나님과 나는 내밀한 관계가 될 수 없다.

　그리스도인은 생각하는 사람이 되어야 한다.

　세상 흐름을 거슬러 올라가는 사람이 생각하는 사람이다.

우리는 언제 생각하게 될까?

나에게 질문할 때 생각하게 된다.

『질문하는 독서법』 임재성 작가는 효과적인 독서법이 무엇인지 책을 열면서 말하고 있다.

"지금, 이 순간에도 인생을 변화시킬만한 효과적인 독서법을 찾기 위해 여기저기를 기웃거리고 있다면, 잠시 멈춰라! 잠시 멈추고 해야 할 일은 '질문'이다. 좋은 질문을 던지는 법을 찾을 수 있다면 당신의 인생이 변화되는 것은 시간문제다. 인생은 답이 아니라 던지는 질문에 따라 변화되기 때문이다."[10]

그리스도인은 질문하는 자들이다.

그리스도인은 좋은 질문을 세상에 던지는 자들이다.

세상에 영향을 미치는 자들, 좋은 영향력을 가는 곳마다 전하는 자들이다.

잊지 말라! 그리스도인은 세상을 이끄는 리더였다.

지금은 그 힘을 잃어 세상에 끌려가는 형국이지만 우리는 언제나 세상에 앞선 진정한 리더였다. 그 리더 속에 생생한 하나님 말씀이 살아 꿈틀대고 있어 세상을 이끌어 갔다.

핵심은 그 리더가 아니다.

그 리더 속에 있는 하나님 말씀 그것도 생생한 말씀이다.

지금 그리스도인은 질문하지 않는다. 질문하는 법을 잊었다. 세상 따라 사느라 좋은 질문법을 잃었다. 생생한 하나님 말씀이 없기에 그렇다.

오늘까지 대충했던 그 묵상 이대로 좋지 않다.

교재에, 교재를 위한 묵상 여기서 질문해야 한다.

'오늘 기억나는 말씀이 있는가?'

'이 순간 새겨진 말씀이 있는가?'

'묵상을 왜 해야 하는가?'

'나에게 묵상은 무엇인가?'

'나는 누구인가?'

'하나님은 누구이신가?'

'하나님께 찬양으로 화답할 자세가 되었는가?'

묵상은 오늘 나에게 주시는 하나님 말씀만을 말하지 않는다.

오늘 나에게 주시는 말씀이 없어도 나는 말씀으로 사는 자이다.

적용만을 위한 묵상이 아니다.

적용이 되지 않아도 하나님 말씀이 내 속에 생생하게 들려져야 한다.

이 태도가 바로 묵상하는 자의 태도이며, 다시 회복해야 할 묵상이다.

묵상, '팩트체크'는 내가

묵상에도 '팩트체크'가 필요하다. '팩트체크'는 내가 해야 하는 일이다.

나는 묵상을 고3 때부터 시작했다.

오늘 주어진 본문을 읽으며 하나님이 누구이신가, 어떤 일을 하셨는가, 그리고 나는 어떻게 살아야 하는가를 말씀에 표시하는 묵상이었다.

처음에는 하나님 말씀을 꼼꼼히 읽을 수 있어 신이 났다. 어느 날은 하나님이 누구이신지 분명히 보이고, 나에게 적용할 말씀도 눈에 확 띄었다. 그런 날은 아주 적었다.

더 많은 날이 묵상 시간은 내가 가장 두려워하는 미적분 시간과 같았다. 비단 나만 그랬을까?

『행복한 말씀 묵상 학교』 박관수 목사도 전한다.

"성경 본문을 읽으면서 하나님은 누구이신가? 나에게 주시는 교훈은 무엇인가? 어떻게 삶에 적용할 것인가? 등 질문을 던지면서 생각하고 노트에 적어 보라는 가르침이었다. '아, 이런 식으로 실천해 보면 정말 좋겠다'는 기쁨이 느껴졌다. 신학교에 다니던 20대 시절, 그야말로 성실하게 큐티를 했다. 빼곡하게 묵상 내용을 쓴 내 큐티 책자를 보고 급우들이 감탄한 적도 여러번이었다. 날마다 큐티하는 즐거움이 쏠쏠했다. 하지만 얼마 안 가서 큐티가 버거운 짐으로 다가오기 시작했다."[11]

『묵상 수업』 권광일 목사도 전한다.

"나는 고등학생 때 교회 전도사님의 지도와 권유로 큐티를 시작했다. 신약 성경을 본문으로 매일 한 장씩 큐티했는데, 사복음서까지는 그럭저럭 재미가 있었고 은혜도 꽤 받았다. 하지만 사도행전에 들어가면서 관찰의 어려움에 봉착했다. 성경 지식이 절대적으로 부족했기 때문이었다. 겨우 로마서까지는 마쳤지만, 이후 귀납적 관찰과 해석의 한계를 뼈저리게 절감하며 '큐티는 내가 할 수 있는 것이 아니다'라고 두 손 들고 말았다. 쓰라린 영적 좌절감을 맛본 것이다."[12]

일면식도 없는 우리는 모두 같은 고민을 했다.

우리가 지금까지 해왔던 경건 시간이란 하나님과 나라는 관계 질보다는 하나님에 대한 지식 쌓기에 치우쳐 있었다. 모두 본문에서 하나님을 찾느라 고심하고, 나에게 꼭 적용해야 하는 일에 집착했다. 그렇게 배웠기 때문이다.

하나님과 나는 어떤 관계인가?

우리 관계는 문제를 풀 듯, 어려운 문제를 풀고 풀어야만 만남이 성사되는 관계가 아니다.

하나님과 나는 가장 친밀한 사이, 하나님은 아버지이시고 나는 사랑받는 그분 자녀이다.

하나님과 나는 말하지 않아도 통하는 사이 아니던가.

우리가 하고 있었던 묵상은 관계를 위한 묵상이 아니었다.

하나님과 나, 하나님 말씀과 나, 그 간극에서 우리 각자 질문하며 찾는 '팩트체크'가 필요하다. 하나님 말씀 묵상을 내가 해야 하는 이유를 찾아야 한다.

하나님 말씀이 나에게 필요한 이유를 내가 찾아야 한다.

하나님 말씀에 관한 생각을 내가 정리해야 한다.

하나님 말씀을 오늘도 읽어야 하는 이유를 내가 분명히 해야 한다.

하나님 말씀을 읽는 것을 품고 그 말씀을 새겨야 하는 정확한 이유가 내 안에 있어야 한다. 더 나아가 그 말씀대로 살아야 하는 이유, 살고 싶은 이유를 내가 확인해야 할 사실이다.

내가 찾지 않으면 누구도 찾아 줄 수 없다.

내가 찾은 사실이 묵상을 묵상답게 한다.

내가 찾아 확인해야 한다.

묵상은 나와 하나님 관계 안에서 이뤄지는 일이다.

묵상, 하나님이 원하시는가

묵상은 하나님이 가장 원하시는 일이다.

하나님은 우리에게 말씀 하셨다.

말씀은 곧 하나님이시다.

그 말씀이 육신이 되어 우리 가운데 오셨고, 그 말씀 안으로 우리를 초대하셨다. 이유는 하나님이 나와 함께 하고 싶으셨기 때문이다. 하나님은 나와 함께 하는 일을 간절히 원하신다.

그리고 온몸으로 우리에게 말씀 하신다.

"여호와께서 말씀하시되 오라 우리가 서로 변론하자 너희의 죄가 주홍 같을지라도 눈과 같이 희어질 것이요 진홍같이 붉을지라도 양털같이 희게 되리라"(이사야 1:18)

하나님은 우리를 초청하신다. 우리 죄가 주홍 같을지라도, 진홍같이 붉을지라도 하나님 초청에 응한다면 얼마든지 옳고 그름을 말하자고 하신다.

하나님은 하나님 말씀으로 나와 관계를 맺고 싶어 하신다.

우리가 말씀을 소중히 여기는 그 일 곧 묵상하는 일을 기뻐하시며, 원하신다.

『묵상하는 그리스도인』 오대원은 묵상에 대해 말한다.

"그리스도인들은 성경에 대해 설명하는 책이 아니라 성경을 직접 묵상하면서 말씀을 통해 하나님을 만나고 그분의 음성 듣는 법을 배워야 한다. 주석도, 묵상 책자도, 이야기나 실례도, 우리가 답을 써야 하는 질문도 필요 없다. 필요한 것은 바로 성경이다! 성경 안에서 하나님을 만나며, 성경 안에서 그분의 말씀을 듣기 때문이다. 성경을 묵상할 때, 사실 우리는 인쇄된 글이 아니라 말씀을 통해 그 자신을 드러내시는 하나님을 묵상하는 것이다. 하나님만이 유일한 묵상 대상이시다."[13]

하나님 말씀이 곧 하나님이시다.

우리 눈에 보이지 않는 하나님은 보이는 말씀을 주셨다. 그 말씀은 우리에게 주시는 메시지이다. 그 말씀을 가장 중요하게 여기는 일이 묵상이다.

묵상은 하나님을 생각하는 일이다. 아주 적극적인 자세로 하나님을 생각한다.

묵상은 선택이 아니다. 그리스도인은 묵상하는 사람이다.

개인적으로 묵상하고, 그룹으로 묵상하고, 공동체가 함께 묵상한다.

하나님 말씀 묵상은 하나님이 원하신다.

하나님 말씀 묵상은 무엇과도 비교할 수 없는 소중하고 가치 있는 일이다.

하나님께서 우리에게 하나님 말씀 성경을 주셨다.

'후~탁!' 성경으로 머물게 할 것인가, 내 손때가 묻은 성경으로 나와 매 순간 함께 할 것인가.

2장

묵상,
채비하자

묵상 체력

묵상은 오직 하나님 말씀만

우리가 하는 묵상은 하나님 말씀만이다. 우리는 세상을 묵상하지 않는다.

기독교 묵상 대상은 오직 '하나님'이다. '하나님 말씀'뿐이다.

하나님 말씀을 계시라고 한다.

『생각하는 신앙』 박영선 목사는 "계시란 하나님이 당신 자신을 우리에게 보여주시는 행위"라고 전한다. "무한이 유한에게 자신을 보이는 것 초월이 제한된 세계로 들어와 그 모습을 드러내는 것, 그

것이 계시입니다."[14]

하나님께서 우리에게 자신을 보여주셨다.

하나님께서 당신 자신을 제한된 우리가 있는 세계로 들어와 자신을 드러내셨다.

하나님께서 자신을 말씀으로 드러내신 이유는, 말씀으로 전해야 하는 이야기가 있기 때문이다. 우리는 내가 궁금해하는 이야기를 성경에서 찾으려 한다.

개인적인 어려움에 대한 해답 말씀을 찾으려 한다.

하나님 말씀 성경은 그렇게 접근할 수 없다.

하나님이 친히 우리에게 주신 말씀이기에 그렇다.

하나님이 들려주시고자 하는 이야기가 바로 성경 말씀이다.

내가 궁금해하는 결과나 해답은 그 안에 거의 존재하지 않는다.

우리가 하는 실수는 하나님을 내가 찾을 수 있다고 생각하는 데 있다.

내 문제 해답이 성경에 정확무오하게 있을 거라 상상한다.

성경을 내가 선택하고, 내가 읽고, 내가 떠날 수 있다고 생각한다. 아직도 오해 속에 있다.

하나님 의도와 방향을 잘못 알아듣고 뒷북을 친다.

하나님 말씀 곧 특별계시의 특성이 무엇인가?

"성경 계시의 특성은 하나님이 인간에게 영원한 목적을 갖고 계신다는 것입니다. 이것이 계시의 특성이며 일종의 기준이기 때문에, 이에 부합하지 않는 것들은 언급되지 않습니다."[15]

하나님께서 사람에게 영원한 목적을 갖고 계시를 주셨다. 그 목적에 맞도록 일을 추진하고 계신다. 우리는 그 하나님 목적을 분명히 보기 위하여 묵상해야 한다.

우리가 시작해야 하는 묵상은 나로부터가 아니다.

하나님 말씀이 보여주는 대로 따라가야 한다.

하나님 말씀을 묵상하는 일은 하나님께서 열어주는 곳으로 내가 수동적으로 따라가는 데 있다. 『묵상, 하나님을 알아가는 시작입니다』 서승동 목사는 하나님 말씀을 묵상하는 데 있어서 아주 소중한 부분을 전한다.

"하나님이 그런 분이라는 사실을 안다면 그 하나님의 마음과 나의 마음이 같아지도록 끊임없이 노력해야 합니다."[16]

우리는 하나님 말씀을 묵상한다.

하나님께서 목적하신 그 말씀을 따라 오늘을 살아야 한다.

나보다 하나님 말씀이 먼저 앞서게 해야 한다.

하나님이 내 인생 주인이시다.

주인 마음을 내가 알아야 한다.

오직 하나, 하나님 말씀에서 하나님을 만나야 한다. 그리고 내 마음을 전달해야 한다. 우리 아무리 급해도 우선순위를 바꾸지 말자. 언제나 하나님 마음을 먼저 살핀다면 그 자세를 본 우리 하나님 아버지께서 감동하시지 않을까.

카테고리는 내가 만들자

카테고리는 내가 만들어야 한다. 하나님 말씀 묵상 관련 카테고리를 내가 만들어야 한다.

요즘 카테고리는 학문 분류에서만 사용되지 않는다.

내가 오늘 Youtube에서 무언가를 봤다면 그 관련된 영상은 계속 나에게 뜬다.

내가 클릭한 short는 계속 나를 부른다. 나를 그곳에 머물러 클릭을 유도한다. 내가 클릭한 자리에 흔적이 남았다. 내가 클릭한 영상이 나를 계속 그 속에 돌고 돌게 했다. 내가 관련 영상에 푹 빠져 시간 가는 줄 몰랐다. 우리는 여기서 'STOP!'을 외쳐야 한다.

이제 그 카테고리를 내가 만드는 작업을 제안한다.

대체로 짧은 시간 쉬기 위하여 우리는 Short Form을 시청한다.

Short Form이 원하는 대로 우리가 반응했다.

내가 정해야 하는 카테고리 주도권을 빼앗겼다.

인터브랜드 한국법인 전진호 책임컨설턴트는 시대 흐름을 이렇게 전한다.

"출퇴근 시간에, 점심시간에, 수업이 끝나고 쉬는 시간에 심심함과 공허함을 채워주는 콘텐츠가 우리는 필요하다. 약속 시간에 10분 먼저 도착했다고 생각해보자. 10분 동안 자신의 즐거움과 최신의 정보를 얻기 위해 1시간짜리 영상을 찾아서 볼까? 영상을 보고 체크했다가 집에 가는 길에 그 콘텐츠를 이어서 볼까? 물론 그럴 수도 있다. 다만, 자신의 관심사 또는 전문 영역이 아니고서야 엄청난 관심을 두고 집중하지 않는다. 특히 인물, 기업, 브랜드에서 생산되는(광고성이 있는) 콘텐츠를 오래 볼일 만무하다. 그렇기에 콘텐츠의 길이, 내용, 구성 등이 점점 짧아지고, 기승전결보다는 '결론'부터 말하는 것이 숏폼 콘텐츠의 특징이다. 최근 방송사도 이런 트렌드를 따라 5분 예능, 10분 드라마, 15초 뉴스 등의 숏폼 콘텐츠를 선보이고 있다."[17]

짧은 시간 심심함과 공허함을 채우고자 숏폼에 참여하는 일이 당연한 듯 말한다.

기다리는 시간 10분 꼭 숏폼을 봐야할까?

인내하지 못하는 우리 민낯이다. 우리는 긴 이야기, 긴 인생을 대하는 태도를 잃고 있다.

우리 더 이상 목적지도 모른 채 따라갈 수 없다.

묵상하는 이유는 하나님 말씀을 따라 내가 순종하는 데 있다.

하나님 말씀이 오직 내 관심 분야이다.

묵상하는 그리스도인은 가야 할 길을 알며, 닿아야 할 곳을 아는 사람들이다.

우리는 하나님 목적 있는 인생을 살고 있다. 순간순간 말이다.

짧은 시간이기에 짧고 굵게 쉬려고 보는 그것에 많은 에너지를 쏟았다.

보는 시간이 짧지 않다. 대체로 짧은 영상 하나로 끝나지 않는다.

숏폼 카테고리 안에 고립되었다. 내가 끌려 들어갔다.

그리스도인은 생각하는 사람들이다. 이 세상에서 소금과 빛으로 드러나야 하는 사람들이다.

소금과 빛은 하나님 말씀이 지닌 힘이 우리 속에 가득 차서 드러날 수밖에 없음을 말한다.

우리는 안다. 하나님 말씀이 숏폼보다 재밌진 않다. 흥미롭지 않다. 하지만 나에게 변화를 안겨주는 것은 숏폼이 아니다. 하나님 말씀이다. 그것도 묵상 된 살아 있는 말씀이다.

우리는 재미로 인생을 살 수 없다.

그 짧은 시간 오늘 말씀 되새겨 보는 건 어떨까.

고뇌하는 시간을 허락지 않는 세상에서 스스로 내적 공간을 만들어 보면 어떨까.

익숙해질 때까지는 어색할 수 있겠지만 내가 나라는 카테고리를 스스로 만들어 보자.

묵상 기초는 누가 잡아주지 않는다. 내가 세워야 한다. 내가 결정해야 한다.

나는 하나님 말씀으로 사는 사람임을 내가 나에게 선언해야 한다.

숏폼에 빠진 그대여! 그 숏폼 볼 시간을 하나님 말씀으로 채우는 순간으로 만들어 보자.

짧다고 하여 쓸모없는 시간으로 흘려보내지 말고,

짧은 시간 내가 붙잡아 말씀 카테고리를 설정하자.

내 인생 하나님 말씀으로 살고, 끝내야 한다.

신앙은 곧 습관이다

신앙은 곧 내 습관이다. 하나님 말씀으로 하루를 시작하는 일도 습관이다. 하나님 말씀을 가까이하려는 애씀도 습관에 달렸다.

『천재들의 창조적 습관』 트와일라타프는 "천재는 태어나는 것이 아니라 습관을 통해 만들어진다."라고 말한다. 그녀는 일관되게 말한다. 천재들이 천재 되게 하는 습관은 매일매일 일상의 작게 반복되는 습관들이라고. 그녀는 창조성의 습관을 배우고, 그것을 인생에 활용하도록, 사용하도록 책 쓴 이유를 밝힌다.

"천재는 태어나는 것이 아니라 '습관을 통해서 만들어진다.' 창조성이 습관화된 많은 사람은 자신의 하루를 시작하고 싶은 환경과 연결된 준비의식을 가지고 있다. 스스로를 그런 환경 속에 놓음으로써 그들은 창조적인 하루를 시작한다. 당신에게 적합한 작업환경을 선택하고, 매일 당신을 앞으로 나아가게 밀어붙이는 의식을 발전시키고, 자신의 두려움을 정면으로 직시하고, 다른 흥밋거리에 눈을 돌리지 않을 때 첫 번째 장애물은 뛰어넘은 셈이 된다. 당신은 이미 시작할 준비가 되어 있는 것이다."[18]

이 땅에 천재는 없다. 재능이라는 작은 씨를 갖고 우리는 태어난다.

그 작은 씨를 누구는 천재적으로 자신을 단련하므로 천재라 불리울 뿐이다.

신앙을 세우는 일도 습관에 달려 있다.

내 인생은 신앙으로 세워야 하는 길고 긴 여정이며 과정이다.

그 기나긴 신앙 여행길에 동반자가 있으니 곧 하나님이다. 그리고 하나님 말씀을 따라 걷는다. 변함없이 걸어야 한다.

하나님 말씀을 대면하기 전 우리는 신앙 습관에 길들어질 준비가 필요하다.

나 중심으로 된 편한 습관이 아니다.

우리가 길들어져야 하는 습관은 하나님 말씀을 듣는 자세와 태도이다.

하나님 말씀 앞에 언제나 순종하겠다는 자세이다.

하나님 말씀을 따르는 순종 습관은 익숙해진 태도를 바꾸는 일이다.

"묵상은 내 신앙과 지식과 관계를 포함하여 나를 형성하고 있는 모든 삶의 조건을 낯설게 보고 재해석하는 일"이라고 박대영 목사는 말한다.[19]

묵상은 나를 낯설게 보는 세밀한 일이다.

묵상은 나와 관계된 모든 일을 낯설게 보며 재해석하는 꼼꼼한 일이다.

묵상 시작 전 이제부터 나는 하나님 말씀으로 사는 자로 태어나겠다는 다짐이 필요하다.

또한 그 말씀을 먹기 위한 습관을 만들어야 한다.

세상에 길들여졌던 옷을 벗는 데에는 시간이 필요하다.

하나님 말씀이 나를 이끄시도록 내어드리는 일에는 시간이 필요하다.

그것도 매일 같은 작업이 필요하다. 매일 하는 그 일이 곧 나이다.

신앙도 습관이다. 묵상하는 그 일도 습관이다.

하나님 말씀으로 하나님 자녀답게 회복되어 가는 과정이 묵상 시간이다.

신앙은 곧 하나님 말씀에 순종하는 태도와 자세를 끝없이 연마하는 과정이다.

하나님 말씀에 길들어 보자.

365일 연애 중

나는 365일 연애 중

나는 365일 연애 중이다. 하나님 말씀과 연애 중이다. 하나님 말씀과 하는 연애를 우리는 '묵상'이라 한다. 하나님과 나누는 가장 친밀한 표현은 '나는 오늘도 묵상한다.'이다.

'나'라는 사람은 하나님이 비추시는 빛 안에서 정확히 볼 수 있다.

밝은 빛에서 본 나는 하나님을 만나 사귈 수 있는 관계가 된다.

하나님을 만나는 통로가 우리에게 있다. 기도, 말씀 읽기, 묵상, 믿음 있는 사람들 관계 속에서 나누는 대화 등이다. 어느 하나만 하나님을 만나는 통로라고 말할 수 없다.

이 도구에서 공통점을 발견한다.

'기도, 말씀 읽기, 묵상, 신앙 대화'는 하나님을 알게 되고, 나를 보게 된다는 점이다.

『사귐의 기도』 김영봉 목사는 하나님 안에서 발견하는 나에 대해 말한다.

"하나님을 제대로 만난 사람은 그분 안에서 자신이 무엇을 위해 어떻게 살아야 하는지를 발견한다. 이 열망은 우리를 흥분시키지도, 부산하게 움직이며 인생을 허비하게 만들지도 않는다. 하나님 안에서 찾은 새로운 열망과 소명은 우리를 차분하고 침착하게 만든다."[20]

하나님 안에서 발견하는 내가 참다운 나이다. 세상 가면을 쓰지 않은 진짜 나이다.

하나님과 하는 이 연애야말로 이 세상 어디에도 찾을 수 없는 가치가 있다.

상대에 대해 서운하거나 감정이 상하는 일이 없다.

하나님과 연애를 시작하는 일은 내 안에 보지 못했던 하나님 나라가 가득해지기 때문이다.

참 자유와 자연스러움으로 나를 표현하게 된다.

연애할 때 두드러지는 점은 오직 그 사람만 생각하는 일이다. 무엇을 하든 그 사람만 생각한다. 묵상은 하나님을 발견하고, 나를 발견하고, 다시 하나님으로 맞닿아지기 마련이다.

묵상은 그런 위대한 일이다.

하나님 말씀으로 연애를 시작하면 그사이에 어떤 것도 참견할 수 없고, 불쑥 끼어들 수 없다. 그만큼 하나님과 나는 촘촘한 관계로 발전한다는 말이다.

내가 하나님 말씀 속에서 발견한 그 분이 나의 하나님이시다.

내가 가장 사랑하는 하나님이시다.

자기 계발서를 통해 찾아내는 내가 아니다. 그런 애씀이 아니다.

자기 계발서에서 찾을 수 없는 참 자유로운 나는 말씀 묵상에서 발견한다.

세상 어떤 지식에서 발견할 수 없는 자연스러운 나를 알아가게 된다.

하나님 말씀이 지닌 힘이다.

나는 나를 어떻게 대하고 있었는가?

나에 대해 나는 어떻게 생각하고 있었는가?

하나님 말씀 속에서 발견된 내가 아니라면 그 사실은 진실이 아닐 가능성이 더 크다.

진실한 나는 하나님 말씀 묵상하는 그 시간에 발견되기에 그렇다.

김영봉 목사의 말을 다시 한번 새겨보자.

"거짓 자아를 초월하고 참된 나를 찾으려면 하나님 말씀에 집중해야 한다. 하나님 말씀은 영적 깨달음에서 온다. 마음의 청력으로 들어야 한다."[21]

나는 이제껏 거짓 정보에 속았다.

말씀 속에서 발견하는 나는 가장 소중한 하나님 자녀이다.

하나님 말씀을 내 마음 청력으로 들을 때 영적 깨달음, 곧 정직한 나를, 참 나를, 하나님 자녀인 나를 찾을 수 있다.

우리 이제 하나님과 365일 연애를 시작해 보면 어떨까.

항상 함께하시는 그 사랑으로 내 안을 채워보자.

묵상의 기초 하나님을 아는 일

우리에게 하나님 아는 일이 가장 소중한 일이다. 가장 시급한 일이다. 가장 중요한 일이다.

하나님은 누구이신가?

하나님은 이 세상을 창조하신 분이시다. 하나님은 이 세상 질서를 잡고 계신 분이시다.

하나님은 나와 함께 하길 원하시는 분이시다. 하나님은 우리에게 아버지이시다.

하나님을 아버지라 부를 수 있는 사람은 하나님 자녀뿐이다.

갈라디아서 4장 6절은 말씀한다.

"너희가 아들이므로 하나님이 그 아들의 영을 우리 마음 가운데 보내사 아빠 아버지라 부르게 하셨느니라"

우리가 하나님을 아버지라 부를 수 있는 까닭은, 하나님이 그 아들의 영을 우리 마음 가운데 보내셨기 때문이다. 하나님 말씀 묵상이 우리에게 중요한 일임을 깨닫는 일도 하나님이 그 아들의 영을 우리에게 보내셨기 때문이다. 하나님, 그 아들, 그 아들의 영을 우리는 하나님이라 부른다. 삼위일체 하나님이시다.

묵상을 준비하면서 먼저 붙잡아야 할 지식이 있다면, 바로 하나님을 아는 지식이다.

묵상하는 이유는 하나님을 알기 위해서이다. 내가 그려왔던 그 하나님이 아니다.

성경이 전하는 하나님을 믿으며 나아가야 한다.

하나님은 우리에게 자신을 알리셨다. 그리고 우리에게 그 자신

이야기를 담아 보내주셨다. "성령하나님의 감동으로" 쓰신 그 말씀을 우리에게 주셨다.

이 말씀으로만 하나님을 알 수 있다. 이 말씀을 통하여 하나님을 만날 수 있다.

이 말씀으로 하나님과 나는 친밀함을 유지하게 된다.

나에게 하나님은 눈물 나게 좋은 분이시다.

말로 이렇다 저렇다 설명이 필요 없는 분이시다. 나는 하나님 없이 살 수 없다.

하나님이 좋아서 하나님 말씀을 떠나지 않으려 한다.

소중한 일은 내가 지켜야 한다. 하나님 말씀 묵상으로 지킨다.

묵상을 통하여 우리는 이 하나님을 만나야 한다.

리처드포스터 『하나님과 함께하는 삶』에서 "하나님은 자신의 본성과 인류를 향한 목적에 관해 문서로 계시를 주셨다. 이 문서 계시는 하나님이 이 땅에 사는 하나님의 백성을 통해 완성하신 일이다."[22] 라고 하셨다.

하나님께서 자신의 본성과 인류를 향한 목적을 우리 손에 주셨다.

이 말씀으로 사는 우리로 인하여 하나님 나라를 완성해 가신다.

하나님께서 자신을 알리신 이유는 우리와 함께하고 싶으셨기 때문이다.

묵상은 하나님과 내가 지금 함께하며, 함께 살고 있음을 드러내는 통로이다.

나에게 가장 소중한 분 '하나님'

내가 잊지 말아야 할 분 '예수님'

나를 깨닫고 조명하시는 분 '성령님'

이 땅에서 이 세 분을 우리가 잊지 않고 기억하며 사는 일이 바로 '묵상'이다.

말씀 묵상은 이 하나님 손길을 되새기는 일이다.

세상이 재미와 흥미로 나를 흔들려고 할 때라도 과감히 그 자리를 털고 일어날 수 있는 이유 하나님이 말씀으로 나와 함께하고 계시기 때문이다.

묵상은 곧 하나님을 경험하는 중요한 통로이다.

A.W 토저는 『하나님을 추구함』에서 "성경은 사람들로 하여금 하나님을 친밀하게, 만족할 수 있을 만큼 알게 하며, 그리해서 사람들이 그분에게로 들어가고 그의 임재 안에서 즐거움을 누리며, 그들의 마음속 깊은 곳에서 하나님 바로 그분의 내면의 아름다움을 맛보아 알게 하는 방편"이라고 말한다.[23]

하나님 안으로 들어갈 수 있는 통로는 묵상이다.

하나님이 지닌 아름다움을 맛보아 알 수 있는 경로가 묵상이다.

하나님 말씀 묵상은 내가 하나님을 깊고 넓게 알아가는 과정이다.

그 벅참을 안고 우리는 묵상을 준비한다. 묵상은 하나님을 아는 일, 경험하는 일이다.

목적 있는 나

나에게는 목적이 있다. 내가 이 땅에서 사는 목적이 있다. 내가 이 땅에서 믿음으로 살아야 하는 목적이 있다. 그 목적은 하나님 말씀 묵상을 통해 뚜렷이 드러난다.

하나님은 나에게 하나님 목적을 두셨다. 이 목적을 찾는 시간이 묵상이다.

묵상은 하나님께서 계획하신 일을 마주하게 한다.

그리고 그 계획 속에 내가 있음을 알게 된다.

내가 하나님 계획안에 있다는 사실은 내가 하나님 목적 있는 인생임을 말하고 있다.

릭워렌 목사는 『목적이 이끄는 삶』에서 목적 있는 나에 대해 말한다.

"하나님은 어떤 일도 우연히 하지 않으시고 절대 실수하지 않으신다. 하나님이 창조하신 모든 것에는 이유가 있다. 모든 식물, 모든 동물도 하나님의 계획에 따라 만들어졌고 모든 사람 하나하나가 하나님의 목적에 따라 만들어졌다. 이렇게 하나님이 우리를 계획하고 만드신 동기는 바로 그분의 사랑이다."[24]

묵상을 통해 우리가 발견할 수 있는 사실이 있다.

하나님은 '계획 없이 어떤 일도 하지 않으신다.'는 사실과 하나님
은 '계획하시며 그 계획에 따라 실행에 옮기는 분'이라는 사실이다.

내 인생 가운데 일어나는 모든 일에 우연은 없다.

이해되지 않아도, 다 해석할 수 없어도 하나님께서 나에게 허락
하신 일이다.

우리는 이 사실을 말씀 묵상 참여를 통해 깨닫게 된다.

또한 이 깨달음은 내가 홀로 살고 있지 않음을 알게 된다.

하나님이 함께하는 사람, 곧 하나님 목적으로 만드신 사람, 내가
결국 하나님 나라 일에 동참하는 사람이 되어가는 비전을 보게 되
는 일이다.

묵상은 나를 하나님 나라 비전을 보게 한다.

헨리나우엔은 『영성수업』에서 우리가 말씀 읽는 일은 "그 말씀
에 정복당하려고, 그 말씀에 도전받기 위해서"라고 전한다.[25]

하나님 말씀 묵상은 말씀이 나를 읽는 자리까지 인도함을 받는
일이다.

내가 말씀 묵상에 참여하는 일은 내가 알고 싶어 하고, 나 중심의
삶에서 말씀이 이끄시는 대로 따라가는 일이다. 위기 순간에 내 마

음 한 자락 위로하기 위해 읽을 수 있는 말씀이 아니다. 말씀 묵상은 하나님 나라를 꿈꾸게 한다.

그 하나님 꿈이 내 안에 차곡차곡 쌓아진다.

쌓인 그 시간이 나를 하나님 사람이 되게 한다. 묵상함은 그런 시간을 만들어 가는 일이다.

나를 넘어 하나님을 보는 일

나를 통해 하나님 손길을 알게 하는 일

나로 말미암아 아귀다툼하던 사람들을 멈추게 하는 일

하나님 말씀 묵상은 나를 휘감아 이 자리까지 이끄신다.

이끌었던 내 인생이 하나님 목적으로 이끌림을 받게 되는 일이다.

"하나님께서는 땅의 기초를 놓으시기 오래전부터 우리를 마음에 두시고 사랑의 중심으로 삼으셔서, 우리가 그분의 사랑으로 온전하고 거룩하게 되도록 하셨습니다" (엡 1:4, 메시지성경).

하나님 사랑이 나를 말씀에 묶이게 한다.

넘치고 넘치는 하나님 사랑이 나를 묶어 거룩하게 하는 그 일에 서게 한다.

말씀 묵상은 목적 있는 나, 그 목적이 이끌고 가는 하루, 하나님 나라 거룩한 백성으로 살게 한다. 아니 하나님께서 그렇게 이끌고 가신다.

　내 손에서 시작된 그 말씀 묵상은 하나님 계획이며, 작품이 되어
가는 과정이며, 온전히 '이끌림' 받는 시간이다.

식사하셨습니까

말씀 묵상은 밥이다.

말씀 묵상은 밥이다. 말씀은 우리의 일용할 양식이다.

우리는 먹어야 살 수 있는 존재들이다. 사람은 먹어야 산다. 그것도 제때 먹어야 허기지지 않고 살 수 있다. 하나님 말씀도 먹는 일까지 이뤄져야 한다. 먹기 위해서는 읽어야 한다.

읽고, 읽고, 읽고를 반복하다 보면 그 말씀은 어느새 내 안에 쌓이게 된다.

그 쌓인 말씀이 나에게 형언할 수 없는 기쁨을 느끼게 한다.

밥을 먹는다고 바로 그 든든함이 느껴지지 않는다. 시간이 지나야 한다.

나의 살이 되고, 피가 되는 시간이 필요한 법이다.

하나님 말씀 묵상도 한 번에 그 맛이 드러나지 않는다.

그 맛을 알기 위해 읽는 일을 계속해야 한다.

우리 공동체는 묵상을 시작할 때 말씀 본문이 이해될 때까지 읽는 연습을 한다.

처음에는 한 번 읽고, 두세 번까지는 괜찮은데 세 번을 넘어가면 자신이 다 아는 듯한 행동이 불쑥 나온다. 인내가 모자라서가 아니라 내가 얼마나 세상 법칙에 익숙해져 있는지 무의식중에 나온 행동이다.

"다 아는데 얼마나 읽어요?" "쉽네, 다 이해됐는데 그만 읽죠?"

나는 이 반응에 설득하지 않는다. 다만 질문한다.

"읽은 말씀 상황은 어떠합니까?"

"무엇을 하고 있습니까?"

"하나님은 어디 계시죠?"

"말씀 의도가 무엇일까요?"

대체로 적게 읽으면 하나도 대답할 수 없다. 적어도 10번을 읽으면 상황이 파악된다.

이 연습이 우리에게 필요하다.

빠르고 많이 읽는 일이 당연한 듯 지내왔던 우리는 성경도 빠르고 많이 보아야 한다 생각한다. 밥을 빨리 많이 먹으면 체하는 건 당연지사. 성경도 마찬가지다.

말씀은 천천히 그 맛을 음미하며 먹어야 하는 밥이다.

밥은 맛이 없다. 밥이 지닌 고유한 특성 때문이다.

밥맛이 강하지 않고 계속 씹을 때 그 맛이 올라온다. 계속 씹어야 한다. 부서질 때까지 씹어야 그 맛을 알 수 있다.

『조선향토대백과』에서 쌀 특성을 전하고 있다.

"쌀알에 적당하게 물을 부어 끓인 밥은 쌀알의 본래 모양을 그대로 유지하면서도 얼마간 불어나 연하고 부드러우며 먹기 쉽다. 그리고 씹으면 씹을수록 구수하면서도 단맛이 느껴지는데 매일 먹어도 싫증이 나지 않으며 물리지 않는다." [26]

밥은 오래 씹어야 그 고유의 맛을 알 수 있다.

성경도 읽는 일을 반복할 때 그 맛을 알게 된다.

『묵상의 사람』 이규현 목사는 말씀 묵상의 맛을 이렇게 표현한다.

"달콤, 새콤, 쌉싸름, 때로는 쓴 말씀의 맛을 보라! 공허한 내면을 말씀으로 가득 채우라. 욕망으로 부푼 가슴을 말씀으로 잠재우라. 하나님이 내게도 말씀하심을 생생히 체험하라." [27]

하나님 말씀은 밥먹기다. 그 밥에는 여러 가지 맛을 음미할 수 있게 된다.

오늘은 달콤한 맛, 어느 날은 쌉싸름하고 쓴맛이 나기도 한다.

우리는 밥이 어떤 맛이든 소화 시킬 준비를 해야 한다.

성경을 이런 자세로 읽게 되면 우리 행동에도 영향을 끼친다.

『믿는다는 것』의 저자 강영안 교수는 그리스도인의 삶에 대해 말씀한다.

"성경을 펼쳐 들고 묻고, 생각하고, 따져 보고, 다시 물어보는 활동을 반복하면서 그것으로부터 얻은 지식과 믿음을 바탕으로 순종하는 삶을 살아가는 것이 생각하는 그리스도인의 삶일 것입니다."[28]

성경을 펼쳐 들고 물을 때 우리 의식이 깨어난다.

성경을 펼쳐 들고, 묻고, 생각하고, 따져 보고, 다시 물어보는 활동을 반복할 때 그 말씀이 내 안에서 일을 시작한다. 우리는 가벼운 그리스도인이 아닌 생각하는 그리스도인이 될 수 있다. 우리는 하나님 말씀으로 변화된다. 잘 씹은 말씀으로 변화되는 그리스도인이다.

하나님 말씀을 묵상하는 일은 지켜야 하는 우리 고정 자리이다.

하나님 말씀이 일용할 양식이기에 그렇다. 말씀을 매일 먹어 그 힘으로 살아가 보자.

묵상은 읽는 일부터

하나님 말씀 묵상은 읽는 일부터 시작된다. 그것도 잘 읽는 일이다. 우리는 읽으며 산다.

수많은 것들을 읽는다. 읽지 않고 살 방법은 없다. 읽어야 생활할 수 있다.

모두 다 읽고 있는 세상에서 우리는 무엇을 어떻게 읽어야 할까를 고민해야 한다.

『성경을 읽다』의 저자 이상환 목사가 섬기는 공동체는 성경에 대한 신앙고백이 있다고 한다. 생생한 현장을 엿보자.

"우리가 성경을 열 때, 성경이 우리를 엽니다.
우리가 성경을 읽을 때, 성경이 우리를 읽습니다.
우리가 성경을 지킬 때, 성경이 우리를 지킵니다.
우리가 성경을 사랑할 때, 성경이 우리를 사랑합니다."[29]

성경은 우리가 열어야 한다. 우리가 열 때 성경도 문을 열어준다.
우리가 읽을 때 성경이 우리를 읽는다.
우리가 성경을 지킬 때 성경도 우리를 지킨다.
성경 말씀을 잘 읽는 일은 내가 읽는 일이나 결국 그 말씀이 나를 읽어내는 일이다.

강연안 교수는 『읽는다는 것』에서 말씀 읽기를 설명한다.

"읽을 때는, 더구나 성경을 읽을 때는, 몸과 마음이 나뉘지 않고 하나가 되어 개입합니다.

성경을 읽을 때 우리는 단지 눈으로만 읽을 수 없고, 단지 마음으로만 읽을 수 없습니다.

몸과 마음이 읽는 대상과 읽는 내용에 개입하여 읽는 내용이 보여주는 현실(실재, 문제, 주제, 물음)을 상상력을 통하여 내 머릿속에 그리는 행위가 일어날 때 비로소 우리는 '읽었다'고 말할 수 있습니다."[30]

성경을 읽는 일이란 몸과 마음이 나뉘지 않는 행위이다.

우리가 성경을 읽을 때 눈으로 보고 마음으로 읽을 때까지 그 내용이 내 머릿속에 그려지는 순간을 맞이해야 한다.

이 읽기를 묵상이라 한다. 잘 읽는 일이 묵상이다.

묵상은 일상에서 읽는 일을 계속하는 행위이다.

누구를 위해서도, 누구 때문도, 나를 자랑하기 위함은 더더욱 아니다.

하나님 말씀을 읽는 일에서 묵상은 시작된다.

읽는 일에서 잘 읽는 자리까지 나아가야 한다.

세상 사람이 다 읽고 있다면 우리는 더 잘 읽어야 하지 않겠는가.

하나님 말씀을 잘 읽는 행위 묵상은 그 말씀이 나를 통하여 드러나게 하는 일이다.

우리는 하나님 말씀을 읽어야 하는 그리스도인이다.

읽고 있다면, 하나님 말씀을 읽고 있다면 우리는 그 말씀으로 움직이는 하나님 사람이 될 수밖에 없다.

묵상은 하나님 말씀을 읽는 일, 그것도 잘 읽는 일로부터 시작되며, 그 말씀을 내가 통과하는 스스로 읽는 자리에 머물게 된다.

묵상은 잘 생각하는 일이다

묵상은 잘 생각하는 일이다.

생각이란 사물을 판단하고 헤아리는 행위이다.

말씀을 통하여 우리는 잘 생각하는 삶으로 훈련하게 된다.

우리가 말씀을 묵상하는 이유는 잘 살기 위함이다.

잘 살기 위해서는 좋은 생각이 내 안에 가득해야 한다. 생각과 삶은 따로 떨어질 수 없다.

강영안 교수는 칸트 읽기를 『읽는다는 것』에서 들려준다.

"무엇을 읽을 때, 남의 눈으로 보려고 하지 마십시오. 스스로 생각하십시오. 언제나 자기 눈으로 보려고 애쓰십시오. 나에게 영향을 미치려면 나의 눈으로, 나의 지성으로, 나의 생각을 말씀 앞에 내어놓고 씨름하며 읽어야 하기 때문입니다."[31]

한 번뿐인 내 삶을 잘 살기 위해서 하나님 말씀을 잘 읽고, 먹고, 씨름해야 한다.

이 씨름이 곧 생각하는 행위이다.

하나님 말씀을 읽는 일을 품고 먹는 일이란 결국 '잘 생각하여 잘 사는데' 있다.

이 잘 사는 일은 이 세상에서 떵떵거리며 사는 모습이 아니다.

하나님이 만드신 작품답게, 하나님 형상을 회복하며 사는 일이다.

『인간을 바꾸는 5가지 법칙』의 김종원 작가도 전한다.

"사람은 결국 자신이 인지한 대로 움직이는 것이 아니라 자신도 모르게 내재 된 몇 개의 언어로 움직이며, 그로 인해 자신이 부른 미래를 맞이하는 것이기 때문이다. 그래서 더욱 숨겨진 자신의 언어를 발견하고 장악하는 일이 중요하다."[32]

인간은 내재 된 몇 개의 언어로 움직이게 된다. 대충 읽은 말씀은 내 속에 내재 되지 않는다. 읽고, 먹고, 생각한 그 말씀만 내재 된다.

결국 하나님 말씀을 묵상하는 사람이 내재 된 언어를 소유하게 된다.

내재 된 언어를 소유한 하나님 사람은 가볍게 할랑거리며 살 수 없다.

하나님 말씀을 먹는 이들, 곧 내재 된 말씀이 있는 사람이 어찌 몸을 가벼이 여기겠는가.

하나님 말씀을 먹는 일은 씨름하며 생각하는 일이다.

우리는 예수 그리스도 안에서 변화 받은 사람들이다.

이 변화는 지금도 이루어져야 하고 계속되는 일이다.

이 변화는 단 한 번으로 성취되는 변화가 아니다. 지속되는 변화이다.

우리가 하는 하나님 말씀 묵상은 그래서 질기게 붙잡아야 한다.

예수님이 다시 오실 때까지 계속되는 일이기에 그렇다.

하나님 말씀 묵상은 흥미 위주로 살았던 사람이 변화되어 진득하게 앉아 생각하는 사람으로 변화되는 과정이다.

하나님 말씀 묵상은 재미와 짜릿함을 추구하며 살았던 사람이 변화되어 말씀이 '그런가'하고 상고하는 사람으로 변화되는 과정이다.

하나님 말씀 묵상은 다른 이들 신변잡기에 빠져 살던 사람이 하나님 말씀 이야기 속으로 들어와 다음 화를 기다리는 변화 과정이다.

말씀을 읽고, 먹고, 생각하고, 몸부림하는 모든 과정을 통해서이다. 이 과정이 하나님 말씀 묵상 과정이다.

생각하는 사람은 재미없는 사람이 아니다.

생각하는 사람은 가식적인 사람이 아니다.

생각하는 사람은 가벼운 상황과 사람도, 가식적인 관계 속에서도 있는 그대로 품을 수 있는 사람이다. 하나님 말씀 묵상이 주는 능력은 우쭐댐이 아니라 포용에 있기 때문이다.

하나님 말씀 묵상 기초는 익혀야 한다. 매일 익어가는 시간이 필요하다.

익혀야 하는 이유는 그대로 살기 위함이다. 하나님 말씀 묵상을 통한 바른 자세와 태도를 익혀 멋들어지게 하나님께 영광을 돌리는 우리가 되자.

성령님, 성령님, 우리 성령님!

묵상은 성령님이 인도하신다

하나님 말씀 묵상은 성령님이 인도하신다.

우리가 묵상하는 이유는 성령 하나님 인도하심을 받기 위함이다.

또한 묵상은 우리가 할 수 있는 일이 아니다. 성령 하나님께서 우리가 말씀을 묵상할 수 있도록 힘을 주신다. 우리는 보이지 않는 그 힘으로 묵상하는 일에 전념하게 된다.

리차드포스터 『하나님과 함께 하는 삶』에서 성경을 읽는 일에 대해 말씀한다.

"인간의 눈으로만 성경을 읽는 것은 성경을 통해 말씀하시는 분을 알아보지 못하고 텍스트의 단어들만 머리에 입력하는 것이나 다름 없다. 그래서 바울은 하나님을 경험적으로 알 수 있는 '마음의 눈'(엡1:17-18)을 이야기했다. 예수님은 아버지께서 우리를 모든 진리로 이끌어주실 '보혜사' 곧 성령을 보내주실 것이라고 약속하셨다."[33]

성경을 읽는 일 곧 하나님 말씀 묵상은 텍스트를 읽는 일이 아니다.
텍스트를 넘어 하나님 일하심을 눈으로 확인하게 되는 일이다.
그 일은 우리를 인도하시는 성령 하나님께서 하신다.
고린도전서 2장 12절에는 성령 하나님만이 우리를 말씀으로 인도하심을 전한다.

"우리가 세상의 영을 받지 아니하고 오직 하나님께로 온 영을 받았으니 이는 우리로 하여금 하나님께서 우리에게 은혜로 주신 것들을 알게 하려 하심이라"

우리는 세상의 영을 받지 않았다. 우리는 하나님께로 온 영을 받았다. 함께 하시는 그 영으로 인하여 우리는 하나님께서 우리에게 은혜로 주신 것들을 알게 된다.

하나님 말씀을 묵상하는 일은 아무나 할 수 있는 일이 아니다.

하나님으로부터 온 영을 받은 사람이 할 수 있는 일이다.

우리는 하나님 영 곧 성령을 받은 사람들이다.

그 영 곧 성령 하나님으로 우리는 하나님 말씀을 가까이 할 수 있다.

로이드존스 목사 『성령론』에서 성령 하나님이 하시는 일을 전한다.

"어떻게 사람들이 주를 믿게 되는가? 바울은 '하나님이 자기를 사랑하는 자들을 위하여 예비하신 모든 것은 눈으로 보지 못하고 귀로도 듣지 못하고 사람의 마음으로도 생각지 못하였다함과 같으니라 오직 하나님의 성령으로 이것을 우리에게 보이셨으니 성령은 모든 것 곧 하나님의 깊은 것이라도 통달하시느니라'고 말했고 또 '육체 속한 사람은 하나님의 성령의 일을 받지 아니하나니 저희에게는 미련하게 보임이요 또 깨닫지도 못하나니 이런 일은 영적으로라야 분변함이니라 신령한 자는 모든 것을 판단하나 자기는 아무에게도 판단을 받지 아니하느니라'고 했다. 우리로 하여금 말씀을 이해하고 받아들일 수 있게 하는 것은 오직 성령뿐이다. 오직 성령만이 우리에게 말씀을 해석할 수 있다. 그것은 전적으로 성령이 하시는 일이다. 이 말씀에 관계된 모든 일은 처음부터 끝까지가 항상 성령께서 작용하신 결과이다."[34]

육에 속한 사람은 하나님 말씀을 묵상할 수 없다.

성령 하나님을 받은 사람이 하나님 말씀을 묵상한다.

말씀에 관련된 모든 일은 처음부터 끝까지 항상 성령 하나님께서 작용하신 결과이다.

우리는 말씀 묵상에 앞서 우리가 성령 하나님 인도 속에 있음을 깨달아야 한다.

우리가 할 수 있는 하나님 일이란 없다.

오직 성령 하나님 인도하심이 우리를 그 하나님 나라 일을 하게 하신다.

그 순간에는 알 수 없다. 그런데 얼마간 시간이 지나 그 일을 되돌아보면 우리는 알게 된다. 이 일은 내가 할 수 없는 일이었음을 말이다.

우리 삶 배후에 성령 하나님이 계신다. 그분이 나와 함께 하시고, 나를 인도하시고, 나를 하나님 나라에 잇대어 살게 하신다. 하나님 말씀으로 살게 하신다.

묵상은 이 사실을 직접 체험하는 일이다.

성령 하나님이 우리를 얼마나 극진히 인도해 가시는지 깨달을 수 있는 시간이 묵상이다.

묵상을 소홀히 한다면 우리는 온유하신 성령 하나님 손길을 맛볼 수 없다.

우리는 성령 하나님을 인정해야 한다. 매 순간 그리고 묵상을 통해 그 인도하심을 발견해야 한다. 우리는 혼자가 아니다. 하나님 말씀 묵상도 나 혼자 하는 일이 아니다.

전적인 인도하시는 성령 하나님 손길이며, 애정어린 몸짓이시다.

우리는 그 분 안에서 하나님을 알게 된다.

묵상으로 깨닫게 하신다

성령 하나님은 우리가 하나님 말씀을 묵상할 때 깨닫게 하신다.

새찬송가 198장 '주 예수 해변서' 가사이다.

> "성령을 내 맘에 보내셔서
> 내 어둔 영의 눈 밝히시사
> 말씀에 감추인 참 진리를
> 깨달아 알게 하옵소서."[35]

성령 하나님을 우리가 진심으로 모실 때 감추인 진리를 알게 된다.

성령 하나님을 내가 모시는 일이 바로 묵상하는 일이다.

그 시간 그 자리에서 우리가 말씀을 펴는 행위는 성령 하나님을 모시는 일이다.

그 순간 그 말씀은 글자가 아니라 생생한 하나님 목소리로 들린다. 우리에게 보내주신 성령 하나님은 이런 일을 하시는 분이시다.

요한복음 10장 27절 "내 양은 내 음성을 들으며 나는 저희를 알며 저희는 나를 따르느니라"고 하셨다.

양이 목자 음성을 들을 수 있는 일은 귀로 들었기 때문이 아니다. 성령 하나님께서 목자의 음성이 들리게 하셨기 때문이다.

우리가 하나님 말씀을 묵상하는 일은 하나님 음성을 듣기 위함이다. 그 뜻을 알기 위함이다. 그 뜻대로 살기 위함이다. 이 모든 일에는 예수님께서 우리에게 보내주신 성령 하나님께서 하시는 일이다.

그분이 하나님 음성을 묵상할 때 들리게 하신다.

들은 그 말씀으로 우리를 깨닫게 하신다.

깨달은 그 말씀으로 거침없는 믿음으로 살게 하신다.

"성령과 말씀은 항상 하나가 되어야 한다. 성령은 우리에게 성경에서 볼 수 있는 교훈을 줄 수 있지만 우리는 성령이 없으면 성경을 이용하지 못한다. 그것은 우리에게 생명 없는 글자일 뿐이다. 의문은 죽이는 것이요 영은 살리는 것이다! 필요한 것은 말씀을 열어주시고 지성과 감성을 열어주시는 성령이다. 우리는 사도가 그런 것처럼 말씀과 성령 이 두 가지를 합한다면 잘못에 빠질 리가 없다." [36]

성령 하나님께서 우리를 하나님 말씀 세계로 인도하신다. 그 말씀을 볼 수 있는 눈을 여신다. 그 말씀을 깊이 담을 수 있는 마음을 주신다. 그리고 그 말씀대로 살 수 있는 능력을 허락하신다.

성령 하나님은 묵상 말씀으로 우리를 깨닫게 하신다.

우리가 하나님 말씀을 가까이할 때, 더 읽으려고 붙잡을 때, 외우기 위해 부단히 그 과정을 지려 밟을 때 우리에게 말씀하신다. 깨닫게 하신다.

이 놀라운 현장이 바로 우리가 하는 묵상 시간에 일어난다.

우리에게 묵상은 오늘 해도 되고, 넘어가도 되는 그런 일이 아니다.

하나님 말씀이 나를 살린다. 오늘 반복하여 읽는 말씀에서 성령님은 하나님 뜻으로 우리를 깨닫게 하신다. 묵상으로 하나님과 그의 나라를 깨닫게 하신다. 그 하나님 나라를 꿈꾸게 하신다.

묵상으로 깨어있게 하신다

성령 하나님은 우리가 깨어있길 간절히 원하신다.

우리가 하나님 말씀 묵상을 지속할 때 스스로 깨우는 힘을 부여하신다. 깨어있게 하신다.

누가복음 24장 34절~36절 예수님은 제자들에게 부탁하셨다.

"너희는 스스로 조심하라 그렇지 않으면 방탕함과 술취함과 생활의 염려로 마음이 둔하여지고 뜻밖에 그 날이 덫과 같이 너희에게 임하리라 이

날은 온 지구상에 거하는 모든 사람에게 임하리라 너희는 장차 올 이 모든 일을 능히 피하고 인자 앞에 서도록 항상 기도하며 깨어 있으라 하시니라"

우리가 하나님 말씀을 묵상하는 이유는 예수님께서 다시 오시기 때문이다.

우리가 스스로 조심하지 않는다면 이 땅의 방탕함이 나를 덮는다. 술에 취함과 생활의 염려로 마음이 둔하여진다. 우리는 그날을 위해 사는 사람들이다. 우리는 그날을 기다리는 사람들이다. 그날을 기다리는 공동체에 동참한 사람들이다.

우리 의지로 깨어있을 수 없다.

성령 하나님께서 우리를 깨어있게 하신다.

하나님 말씀 묵상은 나를 흔들어 깨어있게 하는 일이다.

성령 하나님은 우리가 순종하는 묵상 시간에 깨어있는 감각을 허락하신다.

"성령은 무엇을 각성시키는가? 그는 우리의 모든 기능을 일으켜 세운다. 마음과 지성을 고무시킨다."[37]

로이드 존스 목사님은 각성시키는 성령 하나님에 대한 실례를 전한다.

브리스톨 근처 중북부 지방에 흐리멍텅하고 술고래인 광부들에게 있었던 일이다. 성령 하나님이 그들에게 임하였고 그들은 중생

되었다. 그때부터 그들은 학교를 극성스럽게 가기 원하며 책을 읽을 수 있기를 간절히 바랬다.

"성령께서 그들의 이지(理智)를 각성시키신 것이다. 성령은 믿음과 지성을 향한 직접적인 각성제인 것이다. 성령은 실로 미지의 기능들을 일깨우시고 개발시키신다. 단순히 이지만을 고무시키는 것은 아니다. 역시 심정도 고무시키고 심정을 감동시킨다. 성령처럼 심정의 가장 깊은 곳까지 움직일 수 있는 것은 아무것도 없다." [38]

성령 하나님은 우리 이지(理智)를 각성시키는 일을 하신다. 특히 하나님 말씀을 깊게 보도록 각성시키신다. 굳은 우리 마음을 만지시는 성령 하나님이시다.

우리가 묵상할 때 성령 하나님은 우리를 만지시는 일을 시작하신다. 그리고 마음 깊은 곳이 드러나도록 일하신다.

우리는 우리 스스로 깨달을 수 없음을 인정해야 한다. 특히 하나님 말씀은 하나님 영으로 쓰인 글이다. 하나님 영, 곧 성령 하나님 일하심이 아니라면 깨어있을 수 없다.

요한복음 14장 26절 "보혜사 곧 아버지께서 내 이름으로 보내실 성령 그가 너희에게 모든 것을 가르치고 내가 너희에게 말한 모든 것을 생각나게 하리라"

"성령님은 성경의 원(原)저자로서 말씀의 문자적 의미를 넘어 그 가운데 담긴 하나님 아버지의 마음과 뜻을 전달해 주신다. 그러므로 우리는 기록된 말씀을 통해 성령님이 주시는 깨달음과 감동의 말씀인 레마가 우리 안에서 더 구체적이고 깊은 울림의 메시지가 될 때까지, 레마의 말씀 앞에 더 깊이 머무르며 묵상해야 한다."[39]

성령 하나님만이 우리가 하나님 말씀으로 묵상할 때 깨어 있을 수 있도록 가르치시고, 생각나게 하시는 분이시다.

우리에게 막강한 성령 하나님이 함께하신다.

인도하시고, 깨닫게 하시고, 깨어있게 하는 성령 하나님을 우리가 마음 깊이 새길 때, 우리는 거듭나는 역사, 곧 순종의 사람으로 변화되어 간다.

3장

묵상,
이렇게 시작하자

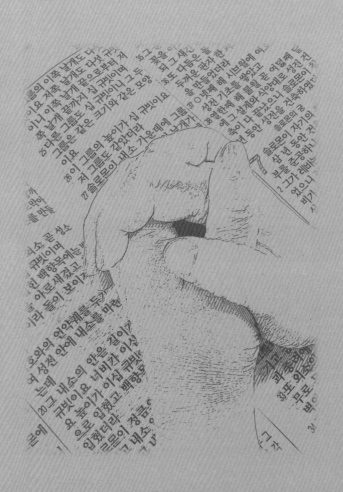

성경을 찾아라

나에게 맞는 성경을 찾아라

나에게 맞는 성경은 내가 찾아야 한다. 개인적으로 잘 읽히는 성경이 있기에 그렇다.

그리스도인들이 공통적으로 읽는 성경은 개역 개정판이다.

대체로 공동체에서 함께 개역 개정판 성경을 본다.

성경 읽기, 말씀 묵상은 먼저 '개인적'인 활동이다.

개역 개정판 성경만을 고집할 필요는 없다.

개역 개정판 성경이 잘 읽히는 사람이 있다. 표준 새번역 성경이 잘 읽히는 사람이 있다. 우리말 성경, 쉬운 말 성경, 영어 성경, 메시지 성경, 연대별 성경, 어린이 성경 등 다양한 성경이 우리에게 주어져 있다. 그 성경 중 나에게 맞는 성경을 찾아야 한다.

하나님 말씀을 묵상하는 일은 '읽고, 읽고'의 반복이다. 익숙하지 않은 문장이 원활히 읽어져야 한다. 소리 내어 읽었을 때 입에 붙지 않는 성경이 있다.

나에게 맞는 성경을 찾아 읽어야 하는 이유는 잘 읽기 위함이다. 계속 읽었을 때 이해가 되는 성경이어야 한다.

서양 속담에 이런 말이 있다.

"Familiarity breeds contempt."

이 속담은 Geoffrey Chaucer의 The Canterbury Tales(c. 1387)에 수록된 "The Tale of Melibee"에 나오는 말이다. "친숙함, 익숙함이 경멸을 낳는다."라는 뜻이다.[40]

어린아이는 어떤 현상을 바라볼 때 경이로워 기쁨을 감추지 않는다. 그곳에서 눈을 떼지 않는다. 점점 어른이 되면 어떤 현상에도 경이로워하지 않는다. 모두 안다고 생각하기에 그렇다. 성경을 대하는 우리도 마찬가지이다.

항상 보던 안 보든 성경을 끼고 다니는 우리는 어느새 그 성경이 경이롭지 않다.

그 성경을 바라보며 기쁨이 넘치지 않는다. 이미 익숙해졌다고 생각하기에 그렇다.

더 이상 새롭지 않다. 개역 개정판 성경에 노출된 우리는 새롭지 않다. 다 안다고 착각한다.

다른 번역본 성경을 읽으면서 신선함을 느껴야 한다.

나에게 맞는 성경을 찾아야 하는 이유는, 개역 개정 성경으로 읽기가 힘든 부분이 있기에 그렇다. 개역 개정 성경은 가독성이 떨어진다.

이런 문제로 인하여 현재 성경이 읽히도록 다방 면에서 노력 중이다.

2023년 1월 3일 자 국민일보 기사이다.

"대한성서공회(사장 권의현)는 성서한국 최신호를 통해 '새한글 성경'을 선보였다. 새한글 성경은 젊은이들이 읽기 쉽도록 간결한 현대어로 번역된 성경으로 2021년 11월 신약과 시편이 먼저 발간됐다. 한 문장이 50자 내외 16어절을 넘지 않아 디지털 매체로 읽기 좋게 했고, 예수님이 다정한 경어체로 말씀하시다 부활 이후 카리스마 있는 어투로 변화되는 등 가독성 있는 번역을 선보였다. 한국교회 다수가 예배용으로 사용하는 성경전서 개역 개정판의 경우 지난해 14개 교단에서 추천한 위원이 모여 개정 원칙을 확정했다. 개정 원칙은 '개역 성경의 문체를 유지하되 이전에는 없었던 문장 부호를 원문에 비추어서 전체적으로 반영하고, 문장의 만연체를 개선하며 이해하기 어렵거나 오해할 수 있는 본문은 원문의 뜻

을 최대한 살려 우리말 어법에 맞추어 개정하기로 한다.'이다." [41]
계속 가독성 좋은 성경이 우리 손에 놓인다.

새롭게 선보이는 성경이 등장하는 까닭은 잘 읽고, 잘 이해하여 믿음으로 잘 살아내기 위함이다. 나에게 맞는 성경이 있다. 나에게 그 성경이 맞는지는 읽어야 알 수 있다.

나에게 맞는 성경을 읽는 일은 이해한 만큼 살아내기 위함이다.

나에게 맞는 성경을 만나기 위해 우리 열심히 골라 읽어보자.

그 성경이 지닌 힘

우리 각자가 선택한 그 성경에는 힘이 있다.

그 성경에 내 진심이 닿았기에 나를 사로잡는 힘을 발휘한다.

나에게 맞는 성경을 찾기 위해 이 성경, 저 성경을 읽으며 음미할 때 우리에겐 특별한 현상이 일어난다.

그 성경을 선택할 때 설렘이 찾아오고, 기대하게 된다. 특별한 성경이 내 품 안에 착 달라붙는 현상이 일어난다. 다름 아닌 내가 선택한 첫 성경책이기에 그렇다.

누군가 따라 하는 생활 방식에서 내가 선택한 생활 방식대로 살 수 있는 기쁨을 만끽하게 된다.

『묵상과 일상』 김병년 목사는 성경을 만나게 된 기쁨을 전한다.

"신앙생활을 한 뒤로 어디를 가든지 내가 가장 먼저 챙기는 물건은 성경책이다. 이제 성경책이 없는 가방은 허전하다. 고등학생 때까지는 주일에만 들고 다녔는데, 대학생 시절 성경 묵상 훈련을 받은 뒤부터는 전공 서적보다 성경책을 먼저 챙겼다. 이제는 교회 갈 때만이 아니라 어디를 가든지 늘 챙겨 다닌다. 주일 하루만이 아니라 언제든 지니고 다니는 필수 상비품이 되었다."[42]

처음 맞이한 그 성경책은 없으면 허전하다.

우리 각자가 선택한 성경책에는 그런 힘이 있다.

편리하게 보는 스마트폰 속 성경도 참 좋으나 내가 선택한 잘 읽히는 성경을 고르고 골라 최고 좋은 성경이라 생각하며 읽는 일에 힘쓰면 어떨까.

아마 그 성경책은 소중한 재산 1호가 된다.

성경은 그 성경이 지닌 힘이 있다. 그 힘을 맛보며 살게 하려고 우리 하나님 아버지는 힘주어 말씀하신다.

신명기 11장 18절 "너희는 나의 이 말을 너희의 마음과 뜻에 두고 또 그것을 너희의 손목에 매어 기호를 삼고 너희 미간에 붙여 표를 삼으며"

성경을 우리 손목에 매어 기호를 삼으라 하신다.

성경을 우리 미간에 붙여 표를 삼으라 하신다.

그 말씀으로 살고 있는 사람이라는 표를 내라는 말씀이시다.

누군가 걸어간 길을 따라가는 걸음도 멋진 걸음이다.

그러나 때로는 내가 선택하고, 선택을 지지하고, 묵묵히 걸어가는 일은 위대한 걸음이 된다.

『마지막 질문』 김종원 작가는 우리에게 말한다.

"세상이 가리키는 방향이 아닌 본질에 더 잘 맞는 방향을 찾아내겠다는 생각으로 언어를 대하면 누구의 삶이든 생각하는 대로 바뀔 수 있다."[43]

세상이 가리키는 방향에 우리 질문을 던지자.

'가리키는 그 방향이 내가 가야 할 길인가?'

내가 찾으려 하는 본질은 성경에 있다.

그리고 내가 선택한 그 성경과 끈끈한 사이를 유지하는 일이 바른길이다.

묵상을 시작하며 성경을 고르는 재미를 더해 보자.

우리 각자가 신선함과 기대감으로 성경을 고르고, 그 성경을 열 때 그 성경이 깊은 묵상으로 인도한다.

또 다른 성경과 비교하기

성경 말씀은 다른 성경과 비교하며 읽어야 한다.

묵상은 하나님 말씀을 새기기 위한 작업이다. 성경은 여러 번역본이 있다. 그 여러 번역본을 비교하며 읽을 때 잘 이해할 수 있다.

시편 1편 2절을 여러 번역본으로 읽어보자.

개역개정 시편 1편 2절 "오직 여호와의 율법을 즐거워하여 그의 율법을 주야로 <u>묵상</u>하는 도다"

표준새번역 "오로지 주님의 율법을 즐거워하며, 밤낮으로 율법을 <u>묵상</u>하는 사람이다."

쉬운말성경 "오직 주의 교훈을 즐거워하면서, 그 교훈을 밤낮으로 <u>읊조리</u>며 깊이 생각하는 사람이다."

우리말성경 "오직 여호와의 율법을 즐거워하고 그 율법을 밤낮으로 <u>깊이</u> 생각하는 자로다."

현대어성경 "얼마나 복되랴! 여호와의 가르침을 기뻐하고 그 가르침을 밤낮으로 읽으며 늘 명상하는 이는."

공동번역 "야훼께서 주신 법을 낙으로 삼아 밤낮으로 그 법을 되새기는 사람."

쉬운성경 "그들은 여호와의 가르침을 즐거워하고, 밤낮으로 그 가르침을 깊이 생각합니다."

히브리어직역 구약성경 "오직 여호와의 토라 안에 그의 기쁨이 있어 그의 토라를 밤낮으로 읽는 자다"

'묵상'이라는 단어 의미가 다른 번역본과 함께 보았을 때 그 뜻을 명확히 이해할 수 있다.

묵상은 읊조리는 행위이다.

묵상은 되새기는 행위이다.

묵상은 깊이 생각하는 행위이다.

'묵상'이라는 단어를 여러 번역본으로 읽었을 때, 그 단어는 우리 마음까지 자리잡는 역할을 한다. 여러 번역본으로 읽어야 하는 이유를 김기현 목사는 이렇게 설명한다.

"개역개정판이 이전의 개역한글판을 상당히 수정한 역본임에
도 여전히 옛 말투나 한자말 등을 포함하고 있어 접근하기 어렵지
요. 개역개정판에 익숙한 저조차 몇 번을 읽어도 잘 모를 때가 왕
왕 있거든요. 하물며 갓 묵상하기 시작한 신도들에게는 큰 장벽임
에 틀림없습니다. 해결 방법은 기존의 개역개정판을 중심으로 다
른 역본을 활용하는 것인데요, 반대로 해도 무방합니다. 원어에
충실하면서도 오늘 입말에 가깝게 번역한 성경을 같이 읽는 것입
니다. 대표적으로 새번역이 있습니다. 지금의 10대나 20대가 읽어
도 아무런 어려움이 없도록 번역되었기에 온 가족이 함께 읽는 텍
스트로 참 좋습니다. 새번역 대신 공동번역이나 가톨릭 성경, 또
는 외국어 성경을 활용해도 좋습니다."[44]

여러 번역본으로 우리는 성경을 얼마든지 활용하여 읽을 수 있다.
입말에 가까운 성경을 골라 개역개정과 함께 보면 풍성한 뜻을
새길 수 있다.
가족 모두가 이해할 수 있는 성경이 우리에게 주어졌다.
다양한 성경 번역본으로 읽는 하나님 말씀이 얼마나 풍성해질지
기대된다.
새삼 우리가 얼마나 자료가 넘치는 세상에 살고 있는지 깨닫게
된다.

넘치는 자료 속에서 다양한 성경을 활용하여 그 놀라운 하나님 말씀 세계에 푹 빠져보길 기대한다.

그 시간 그 장소

묵상을 배우고 훈련하기

우리는 묵상을 배우고, 훈련해야 한다.

묵상은 배워야 하는 일이며, 훈련이 필요하기에 그 시간과 그 장소가 있어야 한다.

그리스도인으로 사는 일은 저절로 이뤄지지 않는다.

그리스도인이란 계속되는 배움과 훈련 속에 있다는 말이다.

하나님 말씀 묵상도 배우고 익히는 훈련을 통해 성숙해진다.

헨리나우엔은 『영성수업』 기도에 대하여 전한다.

"기도는 저절로 되거나 쉽게 되는 일이 아니다. 학습과 훈련을

요하는 일이다. 특정한 기도를 말로 할 때도 그렇고, 지속적인 태도인 기도로 충만한 마음에 거할 때도 그렇다. 기도를 배울 때에는 일정한 시간, 특별한 장소, 단일한 초점을 떼어놓는 것이 중요하다."[45]

기도도 저절로 되는 일이 아니다. 그리고 쉬운 일은 더더욱 아니다. 기도도 학습과 훈련을 요하는 일이다.

기도를 배울 때는 일정한 시간에 해야 하며, 특별한 장소에서 해야 한다.

묵상도 마찬가지다.

묵상은 하나님 말씀을 읽고, 생각하고, 읽고, 또 생각하는 작업이다. 진지한 활동이다.

여기저기 옮기며 할 수 있는 일이 아니다.

우리는 묵상하기에 가장 적합한 시간, 적합한 장소를 찾아야 한다. 적합한 시간은 조용하며 나와 대화할 수 있는 시간이어야 한다. 장소는 홀로 있을 수 있는 공간이다.

누구는 작은 골방일 수 있다. 누구는 식탁에서 할 수도 있다. 무엇이 되었든 자기만의 공간에서 그 시간에 해야 한다.

김미경은 『마흔수업』에서 '40대들에게 내 공간과 시간을 반드시 확보하라'고 전한다.

40대를 넘어 내 시간과 공간이 필요한 이유를 이렇게 설명한다.

"시간과 공간과 돈을 투자하지 않고 성장할 수 있는 사람은 아무도 없다. 이렇게 나를 희생하는 것이 당연한 분위기에서 10년 넘게 살다 보면 누구나 저절로 무기력해진다. 대학 때 배운 것도 잊어버리고 새로운 정보도 아이디어도 없으니 당연히 자존감도 바닥을 칠 수밖에 없다. 나 스스로 자신을 성장시키려면 결국 투자를 해야 하는데 돈도 시간도 공간도 없는 상황에서 '자신감을 갖자'는 공허한 소리에 불과하다. 대안을 내고 싶으면 대안을 낼 만한 것들로 내 공간을 채워야 한다. 사람은 공간을 닮아간다. 공간은 내가 '누구'라는 정체성을 규정해준다."[46]

사람은 공간을 닮아간다.

그 공간은 내가 누구라는 정체성을 규정해준다.

하나님 말씀 묵상하는 시간은 하나님과 약속 시간이다.

그 장소는 내가 선택했으나 하나님께서 인도하신 곳이다.

영적인 공간이 된다.

하나님 말씀 묵상은 하나님을 대면하는 일이다. 어수선한 가운데 하나님을 만날 수 없다.

예수님은 기도를 가르치실 때 "네 골방에 들어가 문을 닫고 은밀한 중에 계신 네 아버지께 기도하라"(마6:6)고 하셨다.

하나님을 대면하는 시간에는 적합한 시간과 장소가 필요하다.

우리 교회는 '묵상'을 중요시하는 공동체이다.

묵상하는 이유는 하나님을 만나기 위함이며, 그 믿음으로 반응하기 위함이다. 즉 하나님 말씀대로 사는 거룩한 신자가 되기 위함이다.

우리 공동체는 말씀 묵상을 같은 시간에 한다. 어디에 있든, 같은 시간에 모두 참여한다.

장소는 각자 가장 조용하고, 집중이 잘 되는 장소로 선택했다. 우리 묵상 시간은 오전 6시다.

이 시간에 각자 선택한 장소에서 묵상한다. 그리고 그 묵상한 내용을 교회 모임방에 올린다. 서로 내용을 공유하며 지지해주고, 기도 제목을 나눈다. 주일 오후 예배 시간에 우리 공동체는 일주일간 나눈 묵상으로 삶에 대해 고민하며, 응원하며, 토론한다.

우리 공동체가 선택한 묵상 훈련 과정이다.

서로 같은 본문을 읽고, 생각하고, 읽고, 다시 생각하고, 중요한 구절을 암송하면서 하루 종일 사는 훈련은 우리를 성장하게 했다. 그리고 지금도 성장하고 있다.

하나님 말씀을 귀 기울여 들을 수 있는 시간,

하나님 말씀을 가득 채울 공간이 마련되었는가.

시간과 공간이 마련되었다면 이제 하나님 말씀 묵상을 진지하게 시작할 수 있다.

그 시간 그 공간이 우리를 그리스도인이 되게 한다.

묵상, 하나만 생각하자

하나님 말씀 묵상은 하나만 생각하는 활동이다.

말씀 묵상은 오직 하나님만 생각하는 시간이다.

잡다한 여러 일로 얽히고설켰더라도 '하나님'만 집중한다.

말씀 내용도 길지 않아야 한다. 오늘 말씀을 계속 읽는다. 읽는 가운데 생각할 하나에 집중하는 훈련이 필요하다. 처음에는 오만가지 생각이 들어온다. 갑자기 해결해야 할 일이 떠오른다. 나를 찾는 소리가 들려온다. 묵상만 하려고 하면 수만 가지가 나를 붙잡는다.

하나님 말씀 묵상 시간은 전쟁터로 시작된다.

이 순간을 넘어야 집중해야 할 '하나'가 보인다.

헨리나우엔『영성수업』에서 생생한 말을 들어보자.

"갑자기 온갖 산만한 생각, 감정, 공상이 표면에 떠오른다. 우리의 머릿속은 써야 할 편지, 걸어야 할 전화들, 지켜야 할 저녁 약속, 써야 할 기사, 깨우쳐야 할 통찰, 가고 싶은 곳들, 근심과 염려

등 온갖 할 일들로 가득 차 있다. 거기에 놀라지 말라. 과객들에게 늘 열려 있던 집의 문을 갑자기 닫아걸고는 다시는 아무도 문을 두드리지 않기를 바랄 수는 없는 일이다. 잡념과 싸우는 방법은 그것을 밀쳐내는 것이 아니라 한 가지 일에 집중하는 것이다. 마치 오랫동안 촛불 하나만 보고 있는 것과 같다. 그렇게 다른 것에 집중하고 있으면 서서히 고요함이 느껴진다. 하나님에게서 오는 말씀에는 당신의 내면생활을 변화시켜 그곳에 하나님이 즐거이 거하실 집을 마련하는 능력이 있다."[47]

하나님 말씀 묵상을 시작하면 온갖 것들이 생각나고, 들려오는 일은 당연한 일이다.

이 잡다한 생각들을 밀쳐내는 일이 묵상이 아니다.

잡다한 상황 속에서 그럼에도 불구하고 그 하나님 말씀에 집중하는 일이다.

묵상 첫 단추는 이렇게 끼워진다.

묵상은 분주한 내가 질서 있는 나로 변해가는 과정이다.

우리가 말씀을 묵상하는 이유는 변화를 맞보기 위함이다.

내가 변하여 내 주변 사람이 변한다. 공동체가 변하여 지역이 변하게 된다.

나에게 들려오는 잡다한 소리 그 소리를 뚫고 하나님을 바라보자.

나를 미혹하는 손길에서 하나님 말씀을 부여잡자.

묵상은 하나님만 집중하는 시간이다.

묵상, 성실이 무기다

하나님 말씀 묵상하는 일은 성실이 무기다.

실력이 있지만 성실하지 않는다면 내 삶에서 묵상은 아무런 영향력을 미치지 못한다.

실력과 관계없이 중요한 일은 성실히 묵상에 참여하는 자세이다.

실력은 성실을 이길 수 없다.

다산 정약용 선생은 마지막 순간까지 한 가지 일에 매진하였다.

"습관이 내일의 운명이 된다면, 나는 매일 새롭게 운명을 시작할 것이다."

"정약용은 공부의 정점에서 육십 년간 쌓은 성취를 모두 내려놓았다. 그렇게 나를 모두 비우고 새로운 습관을 채우기 시작했다. 다산이 선택한 생의 마지막 습관, 매일 기본으로 돌아가는 것이다. 돌아보니 그가 도달한 공부의 끝은 이미 어릴 때 모두 배운 것이었다."[48]

다산 정약용 선생은 기본으로 돌아갔다. 그 기본이 바로 성실히 읽는 일이다.

매일 그 시간에, 그 장소에서 읽는 일에 착념 했고, 일상을 삶으로 보여줬다.

"실력을 쌓고 자신을 다듬어 가는데 매진하는 사람은 다른 하찮은 일에 신경 쓸 여유가 없다. 하지만 어느 순간이 되면 그동안 쌓아온 내공과 실력이 자연스럽게 겉으로 배어 나오게 된다. 가득 찬 독이 넘치듯이, 물이 잔뜩 밴 옷감에서 물이 흘러나오듯이, 드러내지 않고 자랑하지 않아도 실력이 드러나고 사람들이 알게 된다." [49]

다산 정약용은 매일 잘 읽는 자리를 실천해 나갔다.

성실함이 실력을 넘어선다.

하나에 매진하는 사람은 하찮은 일에 신경 쓰지 않는다.

우리가 하나님 말씀 묵상에 있어 가슴에 새겨야 할 말이다.

내가 하나님 말씀 묵상에 매진하면서 다른 일에 신경 쓸 수 없다.

어느 순간이 되면 쌓였던 성실이 내공이 되어 자연스레 실력으로 드러난다.

하나님 아는 실력이 삶에서 열매로 드러난다.

우리 공동체 한 청년 이야기이다.

이 청년은 이해력이 부족했다. 매번 읽어도 이해하는 시간이 다른 사람에 비해 2배가 걸린다.

신명기 4장을 묵상할 때이다.

"목사님, 무슨 말인지 모르겠어요."

"지금까지 이해한 내용을 말해보자."

"음…음…그러니까"

"다시 소리 내 읽자"

소리 내어 읽는 일을 그 자리에서 10번을 반복했다.

이 청년과 나는 계속 그 말씀을 붙잡고 읽는 연습을 했다. 이해될 때까지 했다. 다행히 이 청년은 오래 버티는 힘을 지니고 있었다. 석 달쯤 지났을 때 어려워하던 본문을 2번을 읽고 이해한 내용을 설명했다. 설명할 뿐 아니라 글쓰기까지 되었다. 지금은 제일 적용을 잘 하는 청년이 되었다.

묵상은 엉덩이로 하는 일이다.

엉덩이로 버티는 힘이 묵상하게 한다.

묵상, '성실'이 그 맛을 내준다.

방향은 정해졌다

방향은 정해졌다

방향은 이미 정해졌다.

우리는 하나님 말씀 묵상을 시작하기로 선택했다. 방향은 하나님 자녀다움의 회복이다. 곧 하나님 형상의 회복으로 정해졌다. 우리는 모두 이 방향으로 나아가야 한다. 이 변화가 시작되기 위해서는 우리가 하나님 말씀을 외워야 한다.

제대로 먹는 일이란 기억하고, 기억하는 일이다. 암송해야 한다. 매일 해야 한다. 매 순간 해야 한다. 말씀을 놓치지 않아야 한다.

우리 생활 짬짬이 말씀을 암송해야 한다.

출근과 등교 지하철에서, 버스 안에서, 걸으면서 외우며 생각해야 한다.

이 모습이 '주야로 묵상하는 자'의 태도이다.

우리는 대체로 묵상을 QT교재로 시작한다.

교재는 하나님을 엿보게 하는 디딤돌 역할을 한다.

교재는 묵상을 어려워하는 이들에게 먹을 수 있도록 차려진 말씀 상이다.

잘 차려진 말씀 상에서 잘 먹어야 할 텐데 어느 순간 우리는 말씀보다 설명에 집착한다.

내 속에 하나님 말씀을 담아야 한다. 그런데 그 설명에서 은혜를 찾는다.

QT교재 본문 설명은 설교가 아니다. 이해를 돕기 위한 자료이다.

우리 공동체는 매일성경(성서유니온)으로 몇 년간 묵상했다. 아주 유익한 교재였다.

교재는 훌륭했다. 문제는 교재에 단련된 신자들에게 나타났다.

교재를 통한 묵상은 숙제가 되었다. 교재로 오늘 묵상은 그걸로 끝이었다. 물론 적용도 그룹 방에 올리고, 은혜를 나누지만, 저녁쯤 기억나는 말씀이 없었다.

교재는 유익하다. 나무랄 데가 없다. 문제는 그 교재를 사용하는 우리에게 있다.

교재에 익숙해짐은 변화되는 삶으로 이어지지 않았다.

나는 고민했다.

'어떻게 해야 하나님 말씀을 씹어 먹게 할까? 잘근잘근 소화 시켜 삶이 변화되게 할까?'

내가 먼저 변화되어야 했다. QT 교재가 아닌 말씀을 읊조리기 시작했다.

혼자 시편 말씀을 읊조리기 시작했다. 외우기 쉽게 느껴지는 23편을 선택했다.

읊조리는데 쉽지 않았다. 쉬운 말씀이 아니었다. 외우고, 외우고, 쓰고, 외우고, 읊조리고, 하루 종일 읊조렸다. 지하철에서 외운 말씀을 생각하며 읊조렸다.

스마트폰을 보는 수많은 인파 속에서 나 홀로 거리두는 일을 선택했다.

'읊조림', '중얼거림', '곰곰이 생각하기', '메모하기'.

한두 주가 지나자 생생한 하나님 말씀이 나를 사로잡았다.

교재에서 맛볼 수 없는 하나님 아버지의 만지심이었다. 형언할 수 없는 인도와 보호하심이 나를 감싸고 있었다. '나와 함께 하시는 하나님, 임마누엘 하나님'이셨다.

이 경험을 토대로 우리 공동체는 암송을 시작했다.

외우는 속도는 각자 달랐다. 그러나 방향은 같았다.

우리 공동체가 바라보는 방향은 언제나 '하나님 자녀다움의 회복'이다.

하나님 자녀답게 그 하나님 손길 안에서 오늘 하루를 감사하며 사는 데 있다.

시간이 없으면 없는 대로, 여유가 있으면 그 시간대로, 각자 계획과 생활 규칙에 맞추어 말씀을 암송한다.

본문은 같으나 외우는 절수는 다르다.

누구는 학생이고, 누구는 직장인이고, 누구는 책임자이고, 누구는 알바생이고, 누구는 영업인이다. 모두 같을 수 없다.

우리 공동체는 서로 상황을 인정하며, 그 상황에 맞춰 매일 말씀을 외우고 있다. 읊조리는 일을 새롭게 시작했다.

우리 모두 외우는 절수는 다르나 닿아야 할 곳은 같다.

하나님 자녀답게, 하나님 백성답게, 하나님께 영광이 되는 방향으로 말이다.

천 리 길도 한 걸음부터

천 리 길도 한 걸음부터 걸어야 닿을 수 있다.

우리는 처음부터 걸음을 큰 폭으로 걸을 수 없다. 또한 우리 각자가 걷는 걸음 폭은 다르다. 우리는 묵상을 시작하면서 각자 묵상할 수 있는 속도를 알아야 한다.

한 번에 끝낼 수 있는 일이 아니기에 그렇다.

여호수아 1장 8절 "이 율법책을 네 입에서 떠나지 말게 하며 주야로 그것을 묵상하여 그 안에 기록된 대로 다 지켜 행하라 그리하면 네 길이 평탄하게 될 것이며 네가 형통하리라"

가나안 땅 정복 전쟁 시작 전 하나님은 여호수아에게 말씀하셨다.
"이 율법책을 네 입에서 떠나지 말게 하며 주야로 그것을 묵상하라"
하나님 말씀 묵상은 그 말씀을 주야로 하는 일이다.
한 번에 끝낼 수 없다.
우리가 매일 하나님 말씀을 먹기 위해서는 소화할 수 있는 속도로 먹어야 한다.
우리는 빠른 세상 법칙에 젖어있다. '빨리'라는 조급증은 점점 심해져 가고 있다.
"현대문명은 속도를 낳았다. 나아가 이젠 속도를 숭배하는 세상이 되었다. 빠른 결과를 얻는 것이 이 시대의 신이다. 단 한 번의 클릭으로 펼쳐진 판타지에 모두 열광한다. 당장 손에 쥘 수 있는 거라면 그것이 무엇이든 좋다. 한판의 푸닥거리로 모든 문제는 사라질 것이라는 말도 안 되는 거짓에 속아 넘어가는 이유는 이 세대 사람들이 속도의 숭배자들이기 때문이다. 사탄은 사람들을 빠른 응답으로 미혹하고, 사이비 종교 교주는 종교적 대박을 약속한다. 이제 어디에서도 농익은 시간의 열매는 찾아보기 힘들어졌다. 속도는 경쟁을 조장하고 다산을 끝없이 요구한다. 그곳에서 당연히 개인의 삶은 실종되고 만다."[50]

현대문명은 우리를 속도에 미치게 했다. 한마디로 미친 속도 전쟁이다.

미친 속도는 개인 삶을 실종되게 했다. 나다움을 잊게 했다.

속도는 남보다 그럴듯하게 보인다. 실속 없는 비교라는 사실을 깨닫지 못한다.

말씀 묵상은 속도에 있지 않다.

그리고 그 속도는 다 다르다.

하나님 말씀이 내 속에서 곰삭아지는 속도를 알아야 한다.

곰삭아지는 속도는 기다림이 필요한 법이다.

"속도에 저항하는 것은 기다림이다. 기다림은 조급함이 아닌 느림을 전제로 한다. 속도가 비행기의 날개라면, 느림은 봄날 한가로운 나비의 날개다. 세상을 아름답게 만드는 것은 속도가 아닌 기다림이다. 살면서 참으로 어려운 것은 기다림이다. 세상에 감동을 주는 것들은 모두 세월을 곰삭혀 만든 시간의 작품들이다. 좋은 것은 기다림을 통해서, 더 좋은 것은 더 긴 기다림을 통해서 만들어지는 법이다."[51]

하나님 말씀 묵상은 내가 그 말씀에 곰삭아지는 시간이다.

천 리 길은 한 걸음을 잘 걸어야 끝까지 걸을 수 있다.

걸음이 빨라지는 이유는 '나'라는 사람에게 온전히 집중하지 못한 까닭이다.

묵상으로 마음을 관리하자

마음도 매일 관리해야 한다. 말씀을 매일 묵상하듯 우리 마음도 매일 관리가 필요하다.

우리는 현재 전쟁 중이다. 눈에 보이지 않는 전쟁이다.

에베소서 6장 12절 "우리의 씨름은 혈과 육을 상대하는 것이 아니요 통치자들과 권세들과 이 어둠의 세상 주관자들과 하늘에 있는 악의 영들을 상대함이라"

우리는 보이지 않는 어둠의 세상 주관자들과 전쟁 중이다.

우리는 악의 영들을 상대하는 전쟁 중이다.

'흘러넘치게 하라' 이규현 목사는 영적 전쟁을 이렇게 전한다.

"신앙생활은 영적 전쟁입니다. 영적 세계에는 사탄의 세력 또한 존재합니다. 무언가 영적으로 중요한 일이 일어날 때는 반드시 사탄의 저항과 방해를 경험하게 됩니다. 에베소서 6장은 우리의 싸움이 혈과 육의 싸움이 아니라고 합니다. 즉, 영의 싸움입니다. 우리가 영적 전쟁에서 실패하는 이유는 사탄의 실체를 보지 못하기 때문입니다."[52]

전쟁 무기는 하나님 말씀이다. 그것도 내가 먹은 만큼 무기가 된다. 하나님 말씀 묵상을 하며 우리가 관리해야 할 일은 바로 '마음 관리'이다.

"신자 안에는 영적 성품과 육적 성품이 공존한다. 전자는 중생과 함께 하나님께서 신자의 영혼 안에 심으신 생명의 원리이고 후자는 그 사람 안에 아직도 잔존하고 있는 죄에 대해 친화적 성격을 가진 부패성이다. 죄도 성장하고 은혜도 성장한다. 이 은혜는 그리스도 안에 있으며, 이 은혜의 성장은 죄 된 부패성에서 오는 마음의 굳어짐을 막고 부드러움을 유지하게 만들어 준다. 그래서 성경은 신자들에게 이 은혜에서 자라가도록 촉구한다(딤후2:1). 신자의 마음과 삶은 서로 영향을 미치는 관계이다. 신자의 마음이 은혜 아래 있으면 순종하는 삶을 살게 되고, 그렇게 하나님을 사랑하며 사는 삶의 기쁨은 즉시 그의 마음에 성결한 영향을 준다. 반대로 신자의 마음이 죄 아래 있으면 그는 불순종하는 삶을 살게 되고, 그렇게 하나님을 거역하며 사는 삶의 죄악들은 즉시 그 사람의 마음에 부패를 더

한다.”[53]

마음을 지키는 신자는 하나님 말씀을 가까이한다. 가까이하려고 노력한다.

내 마음 중심축을 확인하기 위해서는 나에게 하나님 말씀이 무엇인지 물으면 된다.

하나님 말씀은 눈으로 보나 눈으로 보는 일이 아니다.

귀로 들으나 귀로 듣는 말씀이 아니다.

하나님 말씀은 듣는 마음으로 볼 수 있다.

듣는 마음으로 들을 수 있는 일이다.

하나님 말씀 묵상과 마음은 조화로운 한 쌍이다.

마음이 있으면 하나님 말씀을 묵상한다.

마음이 없으면 세상을 묵상한다.

하나님 말씀을 가까이하는 묵상을 하면 마음이 달라진다.

하나님 말씀을 멀리하면 마음이 나뉜다.

“인간의 모든 행동은 마음에서 비롯된다. 마음에서 우러나오지 아니한 행동은 우발적이고 일관성이 없지만, 마음에서 우러나오는 행동은 항상 그의 성품을 반영하고 일관성이 있다.

하나님의 은혜가 그 마음을 지배하는 일 없이 그가 하나님께서 기뻐하시는 삶을 산다는 것은 불가능하기 때문이다. 삶 전체를 당장 고치는 것보다는 그 마음을 고치는 일이 그래도 덜 힘들다. 마음을 고치는 일은 그 주도권이 하나님께 속해 있기 때문에 우리에게 소망이 생긴다."[54]

우리는 묵상을 시작하며 마음 관리도 함께해야 한다.

우리 마음에서 행동이 비롯되기에 그렇다.

하나님 은혜가 마음을 지배하면 하나님께서 기뻐하시는 삶을 살게 된다.

우리 마음을 하나님 말씀으로 관리하는 일을 묵상과 함께 시작하자.

4장

묵상,
온몸으로 하자.

잘 읽고 있을까

묵상은 제대로 읽는 일이다

하나님 말씀 묵상은 '제대로 읽는 일'이다. 우리는 문자를 눈으로 본다. 이때 '글을 읽고 있다.'라고 생각한다. 읽는 일은 문자를 떠나서는 생각할 수 없다.

그런데 눈으로 문자를 읽는 일이 제대로 읽는 행위일까?

특히 하나님 말씀을 묵상할 때 읽는 일은 무엇을 의미할까?

디모데후서 3장 15절-17절 "성경은 능히 너로 하여금 그리스도 예수 안에 있는 믿음으로 말미암아 구원에 이르는 지혜가 있게 하느니라. 모든 성경은 하나님의 감동으로 된 것으로 교훈과 책망과 바르게 함과 의로 교육하기에 유익하니 이는 하나님의 사람으로 온전하게 하며 모든 선한 일을 행할 능력을 갖추게 하려 함이라"

우리가 읽고 있는 문자 안에는 의미가 있다. 문자를 눈으로 보는 행위에서 문자 너머를 읽어내는 일이 제대로 읽는 일이다. 하나님은 우리에게 살아있는 말씀을 주셨고, 그 말씀은 우리에게 분명한 이유와 목적대로 읽도록 요구한다.

그 이유와 목적대로 읽어야 한다.

강영안 교수의 『읽는다는 것』에서 하나님 말씀 특징을 전한다.

"첫째, 성경은 분명히 사람의 말과 문자지만 그럼에도 하나님의 숨결, 하나님의 영으로 쓰인 하나님의 말씀입니다. 성경은 기원으로 보면 하나님에게서 온 책이고, 내용으로 보면 하나님이 하신 말씀이고, 목적으로 보면 하나님께로 이끌기 위한 책입니다.

둘째, 하나님의 말씀인 성경은 예수 그리스도를 믿는 믿음으로 구원에 이르는 지혜를 지니게 합니다. 이 점에서 성경은 우리가 즐겨 읽는 소설책이나 우리에게 많은 깨우침을 주는 철학책과 구별됩니다. 성경 외에는 어떤 책이라도 구원에 이르는 지혜를 주지 못합니다.

셋째, 성경은 가르침과 꾸짖음과 고침과 의로운 삶을 살도록 교육함에 유익한 책입니다. 그리하여 하나님의 사람을 온전하게 하여 선한 일을 실천할 수 있는 능력을 지니게 해주는 책입니다."[55]

하나님 말씀을 제대로 읽는 일은, 하나님 말씀이 지닌 목적과 의도와 방향대로 읽어야 함을 말한다. 하나님 말씀을 읽을 때 그 하나님 말씀의 힘이 우리를 구원에 이르게 한다. 또한 선한 일을 하도록 이끈다. 곧 제대로 읽을 때 각 개인 삶이 변화된다.

우리가 제대로 읽어야 하는 이유는 말씀 문자를 너머 말씀이 지닌 힘이 나를 이끌어갈 수 있도록 내어 주는 데까지이다. 그 말씀 앞에 순종할 때 제대로 읽는 일이 우리 안에서부터 시작된다. 하나님 말씀은 눈으로만 읽을 수 없다.

우리 온몸으로 읽어야 한다. 우리 눈으로, 목소리로, 마음으로, 생각으로, 동작으로 읽는 일이다. 하나님 말씀 묵상에서 읽는 일은 정적인 활동이 아닌 동적인 활동이다. 온몸을 사용해야 한다.

유진피터슨 목사 『이 책을 먹으라』에서 사도 요한이 책을 먹는 장면을 설명한다.

"그는 책을 먹는다, 그냥 읽는 것이 아니라 자신의 신경 말단에, 자신의 반사 작용에, 자신의 상상력 안에 집어넣는다. 그가 먹은 책은 성경이었다. 그가 먹은 책은 그의 예배와 기도, 그가 상상하는 것과 쓰는 것에 동화되었고 물질대사를 통해 그가 기록한 책이 되었다. 기독교 전통에서 위대한 첫시이자 성경의 마지막 책인 요한계시록이 탄생한 것이다."[56]

묵상은 성경 말씀에 온전히 집중할 때 아니 몰입되어 읽는 행위이다.

우리 신경 말단에 새겨 넣는 일이 묵상이다.

우리의 상상력 안에 하나님 말씀을 넣는 일이 묵상이다.

그리하여 읽는 일은 그 책을 먹는 일로 드러나는 행위이다.

묵상을 위하여 말씀을 펼치는 순간부터 하루를 살아내는 찰나까지 읽는 일이 제대로 읽는 행위이다.

묵상은 제대로 듣는 일이다

하나님 말씀 묵상은 제대로 듣는 일이다. 하나님 말씀에는 의도와 목적과 방향이 있음을 말했다. 하나님 말씀을 묵상할 때 우리가 읽지만 사실 듣는다.

"하나님의 계시를 받는 최초의 신체 기관은 보는 눈이 아니라 듣는 귀다. 이 말은 모든 성경 읽기가 하나님의 말씀을 듣는 것으로 발전되어야 함을 의미한다."[57] 라고 유진 피터슨 목사는 강조한다.

하나님 계시를 받는 최초 신체 기관은 눈이 아니다. 바로 듣는 귀였다.

우리는 하나님 백성으로 이 땅에서 살고 있다.

하나님 말씀을 묵상하는 일은 우리가 하나님 나라 백성임을 말한다.

백성은 왕의 말을 듣는다. 이 세상 왕은 하나님이시다.

우리는 왕 되신 하나님을 섬긴다. 백성으로 왕을 섬기는 모습은 하나님 말씀 묵상에서 드러난다. 그러니 제대로 들어야 한다.

『모든 사람을 위한 성경 독서법』 김기현 목사가 전한다.

"우리는 하나님 앞에서 말하는 자가 아니라 듣는 자입니다. '이스라엘아 들으라'(신6:4). '거룩'의 한자어인 '聖'은 잘 듣고(耳) 말하는 것(口)을 의미합니다. 성도는 거룩한 말씀을 귀로 듣고 말로 전하는 사람입니다. 귀 있는 사람만이 들을 수 있습니다(마 11:15)."[58]

우리는 거룩한 말씀을 귀로 듣는 자들이다.

귀로 들은 그 말씀을 말로 전하는 자들이다.

귀로 들린 그 말씀 앞에 우리는 순종하는 자들이다.

사무엘상 3장 7절 "여호와께서 임하여 서서 전과 같이 사무엘아 사무엘아 부르시는지라 사무엘이 이르되 말씀하옵소서 주의 종이 듣겠나이다"

어린 사무엘은 자신을 부르는 하나님 앞에 '주의 종이 듣겠나이다' 순종으로 응답하였다.

하나님 말씀 묵상은 바로 내가 그 말씀 앞에 '주의 종이 듣겠나이다' 순종하는 자세이다.

하나님 말씀은 순종할 때 제대로 들을 수 있다.

"누구든지 내게 들으며 날마다 내 문 곁에서 기다리며 문설주 옆에서 기다리는 자는 복이 있나니 대저 나를 얻는 자는 생명을 얻고 여호와께 은총을 얻을 것임이니라" (잠8:34-35)

켄가이어는 『묵상하는 삶』에서 이 말씀을 설명한다.

"일상의 순간 속에서 우리를 부르는 이 음성을 우리는 하나님의 지혜라 한다. 자연과 그 운행 법칙에 배어 있는 이 지혜가 인간 본성과 그 지배 법칙에도 배어들어야 한다. 지혜를 거리에서 자기 말을 들어 줄 사람을 찾는 자로 의인화하고 있다. 듣는 자들에게는 지혜가 금은 보화보다 더 귀한 부를 나누어 줄 것이다. '지혜'

란 히브리 단어로 '살아가는 기술'이라는 뜻이다. 그 기술은 마음에 하나님의 음성을 더욱 민감히 듣는 습관을 기름으로써 배울 수 있다. 그 말씀이 평범한 우주적 지혜의 형태로 오든 특별한 인격적 계시의 형태로 오든"[59]

하나님 말씀 묵상은 일상의 순간 속에서 우리를 부르시는 하나님 음성이다.

우리가 묵상하는 이유는 하나님 말씀을 제대로 듣기 위함이다.

듣는 훈련이 되어 있어야 한다.

제대로 듣는 훈련, 곧 마음이 하나님을 향해 열린 자세가 순종이다.

김남준 목사는 『마음 지킴』에서 듣는 일이 마음을 지배한다고 말한다.

"우리의 마음에는 우리 자신의 말하는 것, 듣는 것을 통해서도 여러 생각이 떠오른다. 떠오른 어떤 생각들은 우리의 마음에 영향을 끼치고 마지막에는 우리 마음 전체를 지배해 버릴 수도 있다."[60]

우리 마음에 들려오는 소리가 우리를 주장한다.

여러 잡다한 소리에 노출되었다면 그것에 의해 움직이게 된다.

결국 듣는 일에서 우리 마음 전체를 지배당할 수 있다.

그러므로 우리는 하나님 말씀을 제대로 들어야 한다. 잘 살기 위함이다.

하나님 말씀 묵상은 그래서 대충할 수 없는 일이다. 하나님께서 들려주시는 메시지이기에 그렇다. 들려오는 그 말씀이 우리를 살게 한다.

들려오는 말씀 앞에 순종으로 응답하는 우리가 되길 원한다.

묵상은 하나님 나라에 참여하는 일이다

묵상은 하나님 나라에 참여하는 일이다. 우리는 하나님 나라 백성이다.

하나님 말씀 묵상은 내가 하나님 나라에 일원임을 보여주는 표지이다.

묵상을 처음 할 때는 '나에게 주시는 말씀'을 기대한다. 주신 말씀에 벅차하고, 기뻐한다. 하나님 말씀 묵상이 주는 첫 번째 감격이다.

하나님도 그 일을 기뻐하신다. 하나님은 그 기쁨에 멈추지 않으신다. 넘치는 기쁨을 하나님 나라에 참여하는 일로 연결하신다. 묵상하는 우리가 아니라 하나님께서 그 일을 하신다.

매일 하는 벅찬 묵상에서 우리는 그 숨겨진 일을 깨닫지 못한다.

묵상을 지속할 때 내가 오늘 현재 나로 살고 있지 않음을 발견하게 된다.

하나님 나라에 참여하는 나를 깨닫게 된다. 두 번째 우리에게 오는 감격이다.

『묵상과 일상』 김병년 목사는 '하나님의 원하심'에 대해 전한다.

"하나님은 우리에게 삶의 필요가 채워지는데 만족하여 머물기보다 당신의 나라와 의를 추구하는 삶으로 나아가길 원하신다."[61]

하나님은 우리 삶의 필요를 채우시는 분이시다.

그러나 우리가 그 만족에만 머무는 일을 원치 않으신다.

하나님은 우리가 하나님 나라 안에서 사는 '나'이길 원하신다.

하나님은 우리가 하나님 나라와 그의 의를 구하는 삶으로 잇대어지길 원하신다(마6:33-34).

하나님 나라 안에서 사는 우리는 이 땅에서 일어나는 일들로 염려하지 않는다.

이미 우리는 그런 존재가 아니다. 무관심해지라는 말이 아니다. 우리가 잇대어질 소망은 하나님과 그의 나라에 있다는 사실이다.

우리보다 먼저 생을 걸었던 신자들은 그런 묵상을 했다. "렉시오

디비나"라고 한다.

'렉시오디비나'에 대해 유진 피터슨 목사의 설명을 들어보자.

"텍스트를 질문과 대답, 개념 정의와 교의로 탈인격화하는 것을 경계하는 독서방식"

"단순한 독서로 축소되는 것을 거부하고, '구름같이 허다한 증인들'이 자신의 이야기를 들려주고 노래하고 설교하고 기도하고 질문하고 아이를 낳고 죽은 자를 묻고 예수님을 따르는 소리를 듣고, 그것에 반응하며 그 텍스트를 살고자 하는 독서방식"[62]

하나님 말씀 묵상은 나에게 주는 말씀을 품고 하나님 나라에 잇대어진 소망으로 연결된다.

하나님 말씀을 묵상하는 사람은 보이는 말씀 안에서 보이지 않는 세계, 곧 하나님 나라를 품는 자들로 반드시 변해가게 되어 있다.

"묵상은 텍스트에 나오는 말을 바라보는 것을 넘어 텍스트의 세계로 들어간다. 이 텍스트를 우리 안으로 가져오면, 우리는 그 텍스트가 우리를 그 안으로 데리고 간다는 것을 비로소 알게 된다. 왜냐하면 텍스트의 세계는 우리의 정신이나 경험보다 훨씬 크고 더 진정한 실재이기 때문이다. 성경의 텍스트는 자신을 계시하는 하나님에 대한 증언이다. 이 텍스트는 하나님을 드러낸다."[63]

묵상은 하나님을 만나는 텍스트 세계이다. 텍스트 세계에서 하나님을 본다. 하나님 일하심을 목격한다. 그리고 하나님을 붙잡고 있는 나를 발견한다. 이제 나는 하나님이 원하시는 일에 자발적으로 참여하게 된다.

어느새 묵상을 통하여 그 하나님 세계로 들어간다.

묵상으로 말미암아 그 세계가 나에게 들어온다.

하나님 텍스트인 묵상을 반복하면서 그 세계에 참여하는 내가 된다.

"묵상은 우리의 불순종으로 인해 잘려 나간 모든 면을 다시 붙이고, 그 연결성을 인식하고, 그 일치를 깨닫고, 그 반향들을 습득하면서 이 거대함을 시연한다. 여기 있는 것 안으로 들어가는 것이다. 모든 것, 모든 단어, 모든 문장에는 언제나 우리 눈에 보이는 것 이상이 있다. 묵상은 우리가 처음에는 놓쳐버린, 눈에 즉시 들어오지 않는 거대한 배경으로 들어가는 행위이다."[64]

묵상은 하나님 나라에 참여하는 일로 연결이 된다.

10번 읽는 힘

한 단어에 집중하는 시간

하나님 말씀 묵상은 단어 하나에 집중하는 시간이다.

특히 묵상할 때 본문 말씀은 적어도 10번 읽기이다.

본문을 충분히 읽었다면 이제 단어에 집중해야 한다.

성경을 읽을 때 그 본문 단어를 정확히 아는 사람이 얼마나 될까?

우리는 단어에 대해 어렴풋이 지레짐작한다. 어림짐작한 단어로는 본문 말씀을 이해할 수 없다. 문장에서 단어는 의미 전달의 최소 단위이다. 단어는 의미를 지닌다.

"성경을 묵상하다 보면 한 단어를 통해 성경을 전체적으로 보는 관점이 열리고, 그 하나의 단어가 마음에 깊게 새겨져 잊히지 않는 일이 있다. 그 한 조각의 단어가 여태껏 꽤나 고급한 양탄자처럼 보였던 내 삶을 갈기갈기 찢어서 휴지 조각처럼 아무짝에 쓸모없어 보이게도 한다." [65]

하나님 말씀에서 단어는 전체적인 성경을 읽는 관점을 열어주는 역할을 한다.

또한 그 단어가 지닌 의미가 제대로 파악되면 마음 깊게 새겨져 평생 붙잡는 양식이 된다.

하나님 말씀을 묵상할 때 바람직한 태도는 '본문을 낯설게 보기' 이다.

단어는 더 낯설게 보아야 한다. 안다고 생각하는 순간 그 뜻, 의미를 모두 잃게 된다.

우리는 오늘 말씀 본문 안에서 하나님을 만나야 한다. 바른 뜻을 알고 단어에 집중하면 그 단어는 자신이 지닌 의미를 우리에게 전달한다.

"하나의 단어에 대한 깊은 묵상은 본문에 집중하는 능력과 본문을 이해하는 통찰력을 준다. 설교자들이 습관적으로 하는 말에 의문을 품고 본문을 찾아가며 재구성하는 즐거움을 준다." [66]

오늘 말씀 중 한 단어를 파고들면 본문을 이해하는 통찰력을 준다.

묵상할 때 단어에 집중해야 한다. 그 단어를 하루 종일 생각해야 한다.

『국어 수업』 이금희 선생은 사람에게 있는 언어 습득하는 기능을 전한다.

"언어를 습득하는 기능은 태어날 때부터 우리 뇌에 탑재되어 있다고 합니다. 하지만 언어를 제대로 사용하는 기능은 기본 사양이 아닙니다. 태어나 꾸준히 배워 익혀야 하는 선택 사양이라고 합니다."[67]

하나님께서 우리 안에 언어를 습득하는 기능을 주셨다. 우리는 그 기능을 배우고 익히는 일에 최선을 다해야 한다. 하나님 말씀을 묵상하는 우리에게 이 기능은 선택이 아닌 필수이다. 아니 필수가 되도록 해야 한다. 하나님 말씀을 묵상하는 이유는 하나님 뜻대로 살기 위함이다. 말씀하시는 하나님 의도를 제대로 알아야 살 수 있다.

그 단어가 지닌 힘은 저자가 전달하려는 의도를 이해하도록 이끈다.

Gordon Fee는 "단어 연구의 목표는 저자가 특정한 한 단어를 어떤 문맥에서 사용할 때 그가 전달하려고 의도한 바를 가능한 한 정확하게 이해하려는 노력이다."[68]라고 한다.

오늘 읽은 말씀에서 한 단어가 지닌 정확한 뜻은 하나님 뜻을 이해하는데 디딤돌 역할을 한다. 우리는 하나님 말씀을 이해한 만큼 하나님을 알게 된다.

한 단어이든 한 구절이든 한 문장이든 10번 읽을 자세를 갖추어 나가자.

한 구절을 다시 보자

하나님 말씀에서 한 구절은 다시 봐야 한다.

마음에 깊이 새기는 활동이다.

단어를 이해했다면, 그 단어를 품고 있는 한 구절을 이해해야 한다.

구절을 이해하기 위해 우리는 질문해야 한다.

예를 들어 이사야 6장 1절 말씀을 읊조리고 있다면,

"웃시야 왕이 죽던 해에 내가 본즉 주께서 높이 들린 보좌에 앉으셨는데 그의 옷자락은 성전에 가득하였고"

본문에서 던져야 할 질문은,

첫째, 웃시야 왕이 죽던 해는 언제인가?

둘째, 본문에 나오는 '내가'는 누구인가?

셋째, 그 나는 무엇을 보았는가?

넷째, 저자는 무엇을 말하고 있는가?

다섯째, 왜 바로 여기서 그 말을 하고 있는가?

질문을 통한 내용 파악이 되었다면, 다시 읊조리며 하나님에 대한 말씀을 붙잡아야 한다.

1절에서 하나님에 대한 말씀은 "주께서 높이 들린 보좌에 앉으셨다." 와 "그의 옷자락은 성전에 가득하였다."이다.

하나님은 높이 들린 보좌에 앉으신 분이며, 그의 옷자락은 성전에 가득한 모습을 상상하며 읊조린다. 개인적으로 또 다른 질문이 나올 수도 있다. "이사야는 하나님을 언제 보았는가?" 등 질문하며 상상하며 한 구절을 중얼거린다.

"나는 할 수만 있다면 하나님의 영광이 무엇인지 아는 데 도움이 될 만한 언어를 사용해 보고 싶다. 그렇게 해서 '영광' 이외의 다른 단어를 찾아보게 되었고 존귀함, 아름다움, 가치, 탁월함 등을 발견했다."[69]

묵상하는 이유는 분명하다. 하나님을 만나기 위함이다. 하나님께 집중하기 위함이다. 하나님께만 영광이 되길 원해서이다.

묵상은 하나님 영광 앞에 그분의 말씀을 듣는 일이다.

들리는 말씀 안에서 영광스러운 '하나님'을 붙잡아야 한다.

하나님을 붙잡을 때, 아니 하나님께 붙잡힐 때 우리는 하나님과 애정과 우정 관계가 형성된다.

"묵상은 하나님과 추는 춤판에서 그분의 인도하심에 나를 맡기고 그분의 리듬과 박자에 따라 움직이는 것을 말한다. 내 자유를 그분의 움직임에 양도할 때 우리는 주께서 창조하신 놀라운 스텝에 취하여 참된 자유의 희열을 맛보게 될 것이다. 이렇듯 묵상을 통한 창조주와의 교제는 이론이 아니라 실제이며, 정보만 주고받는 것이 아니라 인격과 인격이 대면하는 일이며, 더 나아가 그 만남을 통해 우리 자신의 성품과 주변의 삶을 변모시키는 변혁적이고 급진적인 일이다. 창조주의 숨과 맞닿을 때 우리의 마른 영혼이 일어설 것이고, 우리는 하나님의 온전한 교제 파트너로 다시 창조될 것이다."[70]

한 구절에서 만난 하나님은 우리 전 인격을 흔드실 수 있는 분이시다.

묵상이란 하나님 손에 내 손을 올려놓고 함께 리듬과 박자에 따른 움직임의 시작이다.

묵상은 암송이다

묵상은 암송이다. 하나님 말씀이 지닌 맛은 우리가 암송할 때 맛볼 수 있다.

정확한 단어를 알면 그 맛을 알게 된다. 한 구절을 읊조리며 질문하면 묵상 맛을 알게 된다. 오늘 붙잡은 구절을 중얼거리며, 읊조리며, 생각하며, 음미하며 암송할 때 깊은 맛을 내어 준다. 우리가 맛볼 말씀 묵상은 암송할 때 느끼게 된다.

암송된 말씀은 기도, 곧 하나님과 진지한 대화로 이어진다.

헨리나우엔 『실천하는 영성』에서 묵상과 기도 말씀에 대해 들어보자.

"말씀의 묵상을 통하여 우리는 하나님의 말씀이 우리의 생각에서 마음으로 내려가게 하고 마음속에 성령이 거할 수 있는 장소를 마련하게 할 수 있다. 그러므로 무슨 일을 하든지, 또 어디를 가든지 주님의 말씀에 가까이 있도록 하라. 그 말씀이 우리의 영원한 생명의 말씀이기 때문이다. 그 말씀을 반복해 읽으면서 그 말씀이 우리의 이성(정신)에서 마음속까지 침투할 수 있도록 한다. 기도를 하면 할수록 예수님의 삶이 내 안에 살아계셔서 나를 인도하기 시작한다."[71]

말씀을 반복할 때 그 말씀은 우리 마음속까지 침투한다.

그 말씀은 기도를 통하여 내 안에 열매를 맺는 예수님 닮은 삶으로 인도해 간다.

암송된 말씀은 기도 그 자체이다.

암송된 하나님 말씀은 기도하게 만든다. 기도로 이어지게 한다.

기도도 훈련이다. 부단히 그 자리를 지키는 과정이 필요하다.

처음에는 10분 20분 앉아 있는 일이 힘들다.

우리 공동체에서 시작된 말씀 암송 묵상은 공동체 모두에게 특별한 경험을 선사했다.

10분도 채 앉아 있기 어려워하던 분의 기도가 우리를 사로잡는 경험이었다.

그날따라 그분의 기도는 처음부터 모든 성도를 사로잡았다.

시작부터 몸부림치며 내내 외웠던 하나님 말씀으로 이뤄진 기도였다.

"하나님 감사합니다. 감사합니다. 감사합니다… 여호와는 나의 목자시니 내게 부족함이 없습니다… 목마른 사슴이 시냇물을 찾아…여호와는 내 편이시라 내가 두려워하지 아니하리니 사람이 내게 어찌할까…나의 힘이 되신 여호와여 내가 주를… 내가 눈을 들어 산을 보리라 나의 도움이 어디서 올까 나의 도움은 천지를 지으신 여호와에게서로다…"

스스로 붙잡고 있던 암송 말씀 보따리를 서서히 풀어내는 기도였다.

우리는 그 순간 아무 말도 할 수 없었다.

말씀으로 하는 기도 내용은 우리에게 들려주시는 하나님 마음이었다.

누구 혼자만의 경험이 아니었다. 공동체 모두의 경험이었다. 너

와 나, 우리가 함께 느낀 하나님이었다. 그 암송 기도는 우리 마음에
하나님을 안겨주었다.

'우리를 품에 꼭 안고 계시는 하나님 아버지로'

'내 손을 하나님 오른손으로 붙잡고 계시는 모습으로'

'나와 함께 가자 하시는 보이는 말씀으로'

우리와 함께하시는 하나님을 맛보게 되었다.

묵상은 하나님 말씀을 암송하는 일이다.

읊조리며 하나님을 생각하는 일이다.

중얼거리며 하나님을 기억하는 일이다.

숨겨진 금광 찾기

문맥이란

성경 문맥은 그 본문이 속해 있는 앞뒤 말씀이다.

　하나님 말씀 문맥은 하나님을 제대로 파악하기 위한 줄기이다.

　하나님 말씀을 덮어 놓은 채 읽지 않으려는 방법이다.

　하나님 말씀을 우리 머리, 곧 이성으로 읽는 방법이다.

　사도행전 17장 11절 "베뢰아에 있는 사람들은 데살로니가에 있는 사람들보다 더 너그러워서 간절한 마음으로 말씀을 받고 이것이 그러한가 하여 날마다 성경을 상고하므로"

베뢰아 사람들은 하나님 말씀에 대해 질문하고 연구하는 자리까지 이르렀다.

그 단서는 '상고하다'라는 단어이다.

'상고하다'란 '자세히 조사하다','공부하다', '연구하다'라는 뜻이다.

하나님 말씀 묵상은 그 말씀을 암송으로 시작해 '그러한가'로 연결된다.

『모든 사람을 위한 성경 독서법』 김기현 목사는 기독교 전통적 성경 읽기를 설명한다.

"우리는 성경을 가슴으로 읽어야 하지만 머리로도 읽어야 합니다. 기독교는 전통적으로 머리로 아는 지식과 가슴으로 아는 지식이 있다고 말해 왔습니다. 조나단 에드워즈는 지식을 두 가지로 구분했어요. 이론적 지식과 실천적 지식입니다. 앞엣것은 머리로 알고, 뒷엣것은 가슴으로 알게 됩니다. 예컨대, 하나님이 거룩하신 분임을 머리로 아는 것과 그것을 실제 경험하는 것은 다릅니다. 에드워즈는 두 종류의 지식 모두 필요하다고 했습니다. 내 가슴에 말씀이 담기고 심기도록 읽고 또 읽어야 하겠습니다. 여기에 머리로 하는 질문과 연구, 대화와 토론 역시 같이 가야 합니다. 가슴 없이 머리로만 읽으면 공허하고, 머리 없이 가슴으로만 읽으면

맹목적입니다."[72]

하나님 말씀인 성경은 가슴으로 읽어야 한다. 또한 머리로 읽어야 한다.

가슴과 머리는 하나이다. 묵상은 온몸으로 하는 일이다.

가슴과 머리가 나뉠 수 없다.

가슴으로 하나님 말씀을 대면했다면 이제 머리로 하나님을 만나야 한다.

머리로 하나님 말씀을 묵상하는 일은 질문, 연구, 대화, 토론 등이다.

성경 문맥 파악은 그 말씀이 하고자 하는 음성에 귀를 기울이는 자세이다.

이왕 하나님 말씀 묵상을 시작했으니 제대로 하나님 말씀에 이끌려 들어가는 단계이다.

크리스챤투데이 2021년 5월 30일 '목회 신학'편 채영삼 교수가 전한다.

"'문맥'은 저자의 의도를 보존하는 장치이다. 누구도, 그 문맥 자체가 결정해 놓은 틀을 벗어나서는 저자가 의도한 바를 제대로 설명할 수 없고, 그래서도 안 된다"며 "그것은 '오독'이기도

하지만, '무례'한 일이다. 저자의 말을 '충분히 듣지' 않겠다는 뜻이기 때문"[73]이라고 전했다."

말씀 묵상에서 문맥을 파악하는 일은 저자의 의도를 제대로 파악하여 이해하기 위함이다.

우리는 성경 저자의 말을 충분히 들으려 하는 자세를 갖춰야 한다.

문맥을 파악하는 일은 그 말씀에 순종하는 자세를 갖췄을 때 들을 수 있다.

우리가 하나님 말씀 묵상을 하면 자연스럽게 듣는 자세를 갖추게 된다.

반복해 읽고, 단어를 파악하고, 절을 암송하고, 붙들고 기도하며 본문 문맥을 확인하는 일은 하나님께서 우리를 이끄시는 학습 방법이다. 하나님을 믿기 위한 학습 방법이다.

『믿는다는 것』 강영안 교수는 듣는 것에 대해 전하고 있다.

"우리가 예수에 대해서 듣든지 부처에 대해서 듣든지, 우선 무슨 말인지 알아들어야 합니다. 알아듣기 위해서는 무슨 말인지 말뜻을 알아야 합니다. 말뜻을 알기 위해서는 그 말이 쓰이는 전체 맥락을 알아야 합니다. 예를 들어, '예수는 주이며 그리스도다'라는 말을 듣는다고 합시다. 첫 단계는 이 문장을 알아들어야 합니다. 예수가 누구이며, '주'가 무슨 뜻이며, '그리스도'라고 하는 것이 무슨 말인지를 알아야 합니다. 그렇지 않고서는 소귀에 경 읽기입니다. 알아듣기 위해서는 '앞선이해' 곧 선이해가 있어야 합 니다."[74]

묵상은 하나님을 믿기 위한 작업이다.

하나님과 동행하기 위함이다.

하나님과 동행하기 위해서 우리는 말이 통하는 시간을 준비해야 한다.

하나님은 언제나 우리에게 관심을 쏟고 계신다. 어떤 말을 하는 지 듣고 계신다.

우리도 하나님께서 어떤 말씀을 하는지 관심을 가져야 하지 않을까.

관심 두는 만큼 알게 되는 법이다.

이해력을 선사하는 묵상

묵상을 계속하면 이해력이 높아진다.

묵상 본문 문맥을 파악하기 위해서는 이해력이 필요하다.

이해력이란, "사리를 분별하여 해석하는 힘"을 가리킨다.

하나님 말씀 묵상 본문에서 먼저 이해력이 필요하다. 더하여 그 앞뒤 본문을 함께 보는 일은 우리에게 이해력을 선사한다.

하나님 말씀 묵상하기 전 이해력이 준비되어 있어야 하며, 그 이해력은 묵상할 때 더 강화된다. 그런데 이해력이 부족하다 하여 걱정하지 말자.

이해력이 부족하더라도, 하나님 말씀을 계속 읽는 일을 진행하다 보면 이해력은 자연스레 따라오기 때문이다.

존 파이퍼 목사는 이렇게 말한다.

"지금까지 성경 본문을 이해하려면 성경의 많은 장르에 해당하는 규칙을 배워야 한다는 인상을 성경 독자들에게 심어 주는 일이 부질없고 오히려 사기만 꺾는다고 생각하는 두 가지 이유를 제시했다. 첫째, 문학 장르는 유동적이고 서로 겹친다. 둘째, 유일무이한 단어분류는 유일무이한 난관을 제시하는데, 성경에는 이런 것들이 헤아릴 수 없이 많다. 내가 장르와 그것을 위한 지침에 초점을 맞추지 않는 세 번째 이유는 독자가 자기 앞에 놓인 본문이 어떤 분류 또는 장르에 속하는지 알려면 먼저 읽기 시작해야 한다는 것이다. 그는 본문을 먼저 읽어야 하고, 그래야만 자신이 어떤 종류의 텍스트를 읽고 있는지 알 수 있다. 이 기본적이고 중요한 읽기 전략이 나의 초점이다."[75]

성경에는 여러 장르 말씀이 존재한다. 장르를 이해한 후 성경을 읽는다면 더 도움을 받을 수 있다. 그런데 선 이해가 없더라도 우선 읽어야 한다는 사실이다.

많이 읽어야 장르를 파악하든, 핵심을 파악하든 할 수 있다.

하나님 말씀 묵상 본문을 많이 읽다 보면 이해력은 따라온다.

글로 된 하나님 말씀이 우리에게 이해력을 선사한다.

김종원 작가는 힘주어 말한다.

"많은 책을 읽는 것보다 좋은 책을 읽는 게 중요하고, 좋은 책을 선택하는 것보다 제대로 읽는 게 중요하다. 1년 내내 모나리자 그림만 바라보며 사는 것과 같다. 하나만 계속해서 바라보면 인간은 저절로 진화한다. 보이지 않는 부분을 상상하고 추론하며, 서로 맞지 않는 부분을 자르고 문질러 기어이 완벽한 하나로 연결하기 때문이다. 그 과정에서 우리는 높은 문해력의 성취를 위해 필요한 모든 재료인 관찰, 유추, 감정이입, 질문, 변형, 통합 등 귀한 것을 스스로 깨치게 된다. 많은 것을 본다는 것은 집중할 하나를 찾지 못했다는 증거이다. 또한, 하나를 찾지 못했다는 것은 그 안에 숨은 가치를 발견할 안목이 없다는 사실을 증명한다. 서두르지 말고 하나를 오랫동안 보라. 그 시간과 정성은 결코 당신을 외면하지 않고 문해력이라는 선물을 줄 것이다."[76]

많은 책을 읽는 것보다 좋은 책을 읽는 게 중요하다.

우리에겐 세상 최고, 최상의 책이 있다. 귀한 책이 나에게 주어졌다. 축복이다.

최고, 최상, 귀한 책은 하나님 말씀 곧 성경이다.

이 성경을 자세히 읽는 일을 우리는 계속해야 한다.

읽는 일을 계속하다 보면 이해력은 높아진다. 파악하는 능력이 탁월해진다.

하나님 말씀 묵상하는데 지금까지 탁월치 못한 이유는 반복하지 않았기 때문이다. 또한 그 말씀을 소중히 여기지 않았기에 그렇다. 하나님 말씀이 나에게 소중한 만큼 시간을 정성스레 여겨야 하지 않을까.

높고 폭넓은 이해력이 준비되어 있다면 성경을 더 깊이 읽을 수 있겠으나 그렇지 못하더라도 묵상하다 보면 그 본문이 나에게 이해력을 선사한다.

선이해가 준비되었든 안 되었든 우선 많이 읽자.

분별력을 갖게 하는 묵상

하나님 말씀은 우리를 분별력 있는 사람이 되게 한다.

하나님 말씀을 묵상하면 우리는 사리를 분별하는 사람, 어둠과 빛을 분별할 수 있는 예리한 사람이 된다.

『묵상과 기도』 김경은 교수는 분별에 대하여 설명한다.

"분별은 정신적으로 구별한다는 뜻입니다. '영적 분별'은 하나님의 뜻이 무엇인지, 하나님이 어느 것을 기뻐하시고 어느 것은 그렇지 않은지, 어떤 방향이 하나님이 원하시는 방향이고 어떤 방향은 그렇지 않은지를 구분하는 것입니다. 자신을 향한 하나님의 마음과 기대를 알아차리는 것이고, 어떤 방향으로 인도하시는지 구별하는 것입니다. 전통적으로는 우리의 생각이나 충동이 어디로부터 왔는지 규명하는 것이지만, 생각의 방향이 어디로 향하는지 찾는 것이 분별을 위해 더 명확한 지판이 되기도 합니다. 그래서 영적 분별은 우리의 존재와 삶의 방향성이 어디로 향하는지 자주 살펴볼 것을 요청합니다."[77]

하나님 말씀 묵상은 우리가 하나님 목적과 방향을 깨닫게 되는 중요한 과정이다.

매일 하는 하나님 말씀 묵상은 우리로 영적 분별력을 허락한다.

이 분별력은 하나님께서 가리키시는 방향에 내가 순종하게 된다. 더불어 우리 속에 감추어진 동기를 깨닫게 되어 하나님 앞에서 살아가는 결단을 하게 된다.

우리는 하나님 말씀 묵상하는 일을 계속해야 한다. 포기할 수 없는 일이다.

영적 분별력은 묵상을 통해 더해지는 기능이지만 계속하는 사람만이 얻게 되는 기능이다.

고전12:10-11 "어떤 사람에게는 능력 행함을, 어떤 사람에게는 영들 분별함을, 다른 사람에게는 각종 방언 말함을, 어떤 사람에게는 방언들 통역함을 주시나니 이 모든 일은 같은 한 성령이 행하사 그의 뜻대로 각 사람에게 나누어 주시는 것이니라"

영적 분별은 하나님 말씀을 떠나서는 얻지 못한다.

성령께서 공동체의 유익을 위해 특정한 사람들에게 주신다고 말씀하신다.

어떤 능력을 주든 그 능력은 하나님께서 우리 각자에게 주시는 은사이다. 그 은사를 분별하며 우리 자리 지키는 일은 계속되어야 한다.

하나님 말씀은 문자로 기록된 말씀이다.

문자로 기록된 말씀 기능은 보는 이들이 계속 그 일을 진행할 때 영향력을 미친다.

나태주 시인 '풀꽃'에서 우리는 계속하는 일에 도전받는다.

"자세히 보아야 예쁘다
오래 보아야 사랑스럽다

너도 그렇다

이름을 알고 나면 이웃이 되고

색깔을 알고 나면 친구가 되고

모양까지 알고 나면 연인이 된다

아, 이것은 비밀."[78]

자세히 보아야 풀꽃도 예뻐 보이는 법이다.

하나님 말씀을 한 번 본다고 봤다고 할 수 있을까.

자세히 보아야 말씀에 대해 한 마디라도 할 수 있다.

오래 보아야 하나님 말씀과 사랑에 빠지는 법이다.

우리는 뚝배기 사랑을 선택해야 한다.

오래 보고, 자세히 보고 사랑하게 되는 하나님 말씀이 지닌 오묘한 깊이를 깨달아야 한다.

하나님 말씀 묵상은 내가 가야 할 길을 아는 분별력을 갖게 되고, 내가 서야 할 자리, 함께 할 자리, 혼자 있어야 할 자리를 알게 된다. 영적 분별력은 하나님 말씀을 깊이 묵상하는 사람에게 주는 귀한 선물이다. 오래 보자, 자세히 들여다보자.

잠깐 멈춰!

묵상은 잠깐 멈춤이다

묵상은 잠깐 멈춤이다. 하나님 말씀 묵상은 '후딱'이 아니다. 각자 멈춰야 하는 구간이 있다. 그 부분을 '행간'이라고 한다. 한 절과 한 절 사이에 빈 곳, 문장과 문장 사이 빈 곳이 행간이다. 우리는 말씀을 묵상하면서 빈 곳 안에, 앞에, 뒤에 머물러야 한다.

그 순간은 각자 모두 다르다.

누구는 줄과 줄 사이에, 누구는 문단과 문단 사이에, 누구는 글자와 글자 사이에 서야 할 때가 있다. 묵상은 잠깐 멈춰야 깨닫게 되는 순간이 있다.

우리는 '나'라는 개인이기에 그렇다. 특별한 개인이다.

『문장과 순간』 박웅현은 한 사람에 대해 전한다.

"한 사람 한 사람의 이야기가 중요하고, 영원하고 신성하다. 그래서 한 사람 한 사람은, 어떻든 살아가면서 자연의 뜻을 실현하고 있다는 점에서 경이로우며 충분히 주목할 만한 존재이다."[79]

우리 각자 이야기는 중요하다. 하나님은 '나'라는 사람에게 유달리 집중하신다.

한 사람 인생에 온 촉각을 세우신다.

우리는 아니 나는 충분히 경이로운 사람이며, 주목할 만한 존재이다.

하나님 형상으로 지음받은 특별한 사람이기에 그렇다.

한 사람이 지닌 사연은 따로따로이다.

하나님 말씀 묵상할 때 두드러지는 점이다. 그 사연이 행간에 머문다.

먼저는 본문에서 선택받은 하나님 사람의 감정, 느낌, 생각, 사연이 드러난다.

문장에서 드러나지 않는 경우가 훨씬 많다. 행간에 그 사람만의 순간이 머문다.

묵상하는 우리는 그 순간을 붙잡아야 한다. 이어 나도 그 순간 안으로 들어간다.

이 순간에서 우리는 하나님 사랑에 흠뻑 젖게 된다.

이 일은 오직 성령 하나님께서 주관하시는 신비이다.

박대영 목사는 묵상을 신비의 여정이라고 전한다.

"묵상의 여정은 신비의 여정이다. 그것은 생명의 여정이다. 끝없이 질문하고, 한계를 직면하고, 그래서 경계를 넘고 지평을 확장하여 하나님 사랑의 높이와 길이와 넓이와 깊이를 아는 일이다."[80]

하나님 말씀 묵상을 시간에 쫓겨, 어쩔 수 없이 할 때는 얻을 수 없는 신비이다.

그러나 하나님 말씀 행간에 머무는 순간 우리는 묵상을 통해 생명의 여정, 신비의 여정을 맛보게 된다. 이 맛을 아는 자들은 묵상을 지속한다. 떠날 수 없다. 그 맛을 보았기 때문이다.

며칠 전 우리 공동체에서 나눈 묵상 말씀은 창세기 20장이었다.

아브라함은 네게브 땅으로 옮겨 가데스와 술 사이 그랄에 거류할 때 일이다.

아브라함은 아내 사라를 다시 누이라고 속여야 했다.

창세기 12장에서 기근으로 인해 애굽으로 내려갔을 때 그는 아내를 누이라 하여 생명을 보존하려고 했다. 세월이 그토록 흘렀건만 그는 또 아내 사라를 누이라 한다. 대체로 우리는 아브라함에게 실망한다. 행간을 보지 못한 탓이다.

아브라함은 살기 위해 속이지 않았다. 애굽에 머물렀을 때와는 다른 이유였다. 그랄 사람들에게 하나님을 두려워하지 않는 모습을 보았다. 그리고 그랄 왕이 90세 된 아내 사라를 요구할 때 이미 그는 알았다. 자신이 가진 재산을 보고 그들이 찾아왔음을 말이다. 그는 전쟁을 피하려고 아내 사라를 누이라 하였다. 하나님은 이 사건에 또다시 꿈으로 개입하셨고, 아브라함 신분을 드러내신다. '나의 선지자' '다시 돌려보내라' '그가 기도할 것이다'

그랄 왕은 하나님을 꿈에서 만나고 아브라함에게 설명을 듣고자 한다.

아브라함은 이때 애굽 바로 앞에서와 다르게 그가 묻는 말에 아주 정확한 대답을 한다. 그리고 하나님께서 그랄 지역 여인들의 태를 닫으신 일을 위해 기도한다. 닫힌 태는 다시 열렸다.

창세기 20장 본문 행간을 보려고 모두 집중했다.

한 성도가 말을 꺼냈다.

"하나님은 우리가 저지른 실수를 은혜로 품으시네요."

"그 실수가 결국은 하나님 은혜로 닿게 하시네요."

어떤 설명 없이 본문만 계속 읽는 중에 하나님 은혜를 발견한 성도의 고백이다. 말하는 시간이 아닌 읽는 시간이었다. 그런데 깨달게 된 하나님 은혜를 말할 수밖에 없었다.

"우리는 실수하면 어디 개구멍이라도 숨고 싶은데 하나님은 오히려 그 실수를 통해 내가 누구인지를 가르쳐주시네요."

"내가 아닌 다른 사람이 실수하면 너나 할 것 없이 손가락질하며 수군거리는데 우리가 잘못 살았네요."

"하나님께서 들추지 않으시는데 우리가 기어이 들추며 살았군요."

문장 안으로 들어간 묵상이다.

본문 위에서 바라본 묵상이다.

묵상은 잠깐 멈춤이다.

멈출 때 귀한 찰나를 마주하게 된다.

공감하시는 하나님

묵상에서 행간 읽기는 나를 공감하시는 하나님을 경험하게 된다.

묵상은 지극히 개인적인 일이다. 하나님과 나의 시간이다.

내가 향하던 곳에서 멈춰 하나님이 향하는 곳을 바라보게 되는 일이다.

행간 읽기는 나를 전적으로 지지하시는 하나님을 경험하게 되는 시간이다.

나를 전적으로 공감하시는 하나님을 경험하는 시간이다.

"여호와의 천사가 주를 경외하는 자를 둘러 진 치고 그들을 건지시는도다 너희는 여호와의 선하심을 맛보아 알지어다 그에게 피하는 자는 복이 있도다"(시편 34:7-8).

여호와의 선하심을 맛보아 아는 시간이다.
묵상은 하나님과 친해지는 시간이다.
하나님은 우리에게 자신을 보여주려고 하신다.
'너와 내가 함께 있다고, 내가 너와 함께 걷고 있다고, 아파하는 네 아픔을 내가 안다.'라고 하신다. 공감하시는 하나님이시다.
공감하시는 하나님을 우리는 묵상할 때 경험하게 된다.
잔느 귀용은 자신을 계시하시는 그 하나님을 깊이 체험한 이야기를 전한다.

"주님께서는 친히 자신을 당신에게 계시해 주시는 것을 아주 크게 기뻐하시며, 또한 그렇게 하시기 위하여 당신에게 풍성한 은혜를 내리십니다. 주님께서는 당신에게 친히 자신의 임재를 즐거워하며 누리는 체험을 주십니다. 주님께서 당신을 만져 주시면, 그분의 만져주심이 너무나 좋기 때문에 그 어느 때보다도 주님께로 더 가까이 나아가고자 하는 마음을 갖게 되는 것입니다."[81]

묵상에서 행간 읽기가 자유로워지면 보다 더 깊은 하나님을 체험할 수 있게 된다. 하나님은 자신을 우리에게 드러내시는 일을 아주 기뻐하시기 때문이다.

먼저 다가오신 그 하나님을 우리가 경험하게 되면 하나님 가까이 더 가까이 가고자 하는 마음이 솟구친다.

하나님 말씀 세계가 나의 세계 안으로 들어오는 순간을 맞이하게 되는 일이다.

그때 우리는 잔느 귀용이 전하는 말을 기억하여 실천해 보자.

"아마도 당신은 주님의 임재하심을 느끼고, 그 느낌 속에서 기쁨을 누리게 될 것입니다. 그러한 상태에 들어갔다면 그 어떤 것도 생각하거나 말하거나 하려고 하지 마십시오!

주님의 임재하심에 대한 느낌이 지속되는 한 그 속에 그대로 머물러 있으십시오.

당신의 모습 그대로 주님 앞에 머무르십시오.

이 시간이 다 끝나가는 순간이 되었다 하더라도 언제나 주님 앞에 잠시 고요한 상태 그대로 있으십시오."[82]

나를 전적으로 믿어주시는 하나님을 그대로 받아들여야 한다.

나를 찾아오신 하나님을 의심하지 말고 그 공간으로 들어가야 한다.

그 시간이 끝나가더라도 여운을 깊이 새기는 시간을 가져야 한다.

하나님 말씀 행간에서 우리는 공감하시는 하나님을 맛보게 된다.

'오늘'이 중요하다

하나님 말씀 행간 읽기는 '오늘'에 집중하게 한다.

우리는 오늘 믿음으로 사는 거룩한 사람이다. 오늘을 믿음으로 살아야 한다.

하나님 말씀에서 행간 읽기는 어제도, 내일도 아닌 오늘을 살기 위한 묵상이다.

우리에게 오늘이 중요한 이유는 무엇일까?

'카르페디엠' '오늘을 붙잡으라' 시간의 의미를 기억하라는 말이다.

오스기니스는 '오늘'을 우리에게 설명한다.

"우리의 작은 인생들은 미완성일 수 있고, 우리의 장대한 비전도 이뤄지지 않을 수 있으며, 우리의 최선의 행위도 하찮아 보일 수 있다. 그러나 '한낮에 꿈꾸는' 믿음의 사람들에게 그 행위는 항상 역사의 지평 너머 그 위대한 날, 곧 온갖 형태로 되풀이되는 인간의 도성의 광범위한 폐허가 하나님의 도성의 찬란함에 빛을 잃게 될 그날을 바라보는 것이다. 그때까지는 오늘을 붙잡자. 이날 뿐 아니라 하루하루를, 확신과 소망을 품고 온전히 붙잡자. 하나님 앞에서 걸으면서, 시대의 징표를 읽으려고 애쓰면서, 항상 우리 세대에 하나님의 목적을 달성하려고 노력하면서, 다가오는 위대한 주님의 날에 소망을 두는 모든 이들과 다 함께 일하면서 겸손히 오늘을 붙잡자."[83]

우리에게는 소망으로 가득 찬 날이 기다리고 있다.

그날을 준비하는 오늘을 하나님 말씀으로 살아야 한다.

오늘 하나님 말씀을 온전히 나에게 주는 말씀으로 순종해야 한다.

오늘 이 시간은 나에게 다시 돌아오지 않는 하나님이 허락하신 시간이다.

우리에게 주어진 시간은 오늘이다.

하나님 말씀 묵상에서 행간 읽기는 '오늘'을 깨닫기 위한 말씀이다.

나에게 주어진 '오늘'이란 의미를 깨달을 때 억지가 아닌 자발적 순종이 이뤄진다.

하나님 말씀 묵상은 오늘로부터 또 다른 오늘을 살게 하는 힘이다.

자신이 하나님 말씀을 읽으며, 살아낸 내용을 전하는 전대진 작가는 『하나님 저 잘살고 있나요?』에서 오늘 말씀을 먹으며 살아내고 있는 생생한 현장을 전한다.

그가 오늘 묵상한 구절은 예레미야 29장 11절이었다.

"여호와의 말씀이니라 너희를 향한 나의 생각을 내가 아나니 평안이요 재앙이 아니니라 너희에게 미래와 희망을 주는 것이니라"

"성경에는 소망을 품으라는 말씀이 많다. 그래서 한때 '하나님은 과거나 현재보다 미래를 중요하게 생각하신다'고 여겼다. 그런데 주님은 기적의 하나님이심과 동시에 우리의 형편을 너무 잘 아는 지극히 현실적인 분이시고, 현실 속에서 희망을 외치는 분이심을 발견했다. 우리 하나님은 현실적인 낙관주의자시다. 우리가 그렇게 살기를 원하신다. 우리에게 세상 사람들에게 없는 확실한 그것, 즉 '말씀'이 있다. 그러니 우리는 당당할 수 있다."[84]

하나님 말씀을 곱씹고 곱씹는 이유는 소망 있는 오늘을 발견하기 위함이다.

구절과 구절, 행간에서 하나님께 붙들릴 때 우리는 오늘을 믿음으로 사는 선택을 하게 된다.

오늘을 당당히 살아낼 수 있다.

오늘 만난 하나님이 나와 함께 하고 계시기 때문이다.

묵상은 쓰기다

묵상은 쓰기다

묵상은 쓰기다. 하나님 말씀 묵상 열매는 '쓰기'에 있다.

하나님 말씀은 듣는 일로 끝나지 않는다. 듣는 일은 소리 내어 읽는 일로, 읽는 일은 쓰는 일로 이어진다.

우리가 쓰는 일을 계속할 때 나다움을 찾을 수 있다.

김익환 교수는 '거인의 노트'에서 기록에 관한 중요한 정보를 주고 있다.

"인간이 성장하는 방법은 크게 두 가지로 나뉘는데, 하나는 외

부로부터 받아들이는 것이고 다른 하나는 내 안에서 끄집어내는 것이다. 이 두 가지 방법을 병행하여 시너지를 이끌어 낼 때 진정으로 도약할 수 있다."[85]

사람이 무언가를 기록할 때 성장은 지속된다.

우리는 하나님 말씀으로 장성한 분량에 이르러야 한다. 곧 성장과 성숙이 우리 생활 면모에서 드러나야 한다.

마태복음 5장 16절 "이같이 너희 빛이 사람 앞에 비치게 하여 그들로 너희 착한 행실을 보고 하늘에 계신 너희 아버지께 영광을 돌리게 하라"

우리 착한 행실은 하나님 말씀대로 사는 일이다.

말씀대로 잘 살기 위해서는 읽고, 쓰고 그리고 깨닫고, 변화되는 지속된 시간이 필요하다.

우리는 써야 한다. 글 쓰는 일에 재능이 있든 없든 상관없다.

묵상을 통한 글쓰기는 잘 쓰기 위한 일이 아니다. 나를 발견하기 위한 글쓰기다.

글을 쓴다는 일이 부담스럽다면, 긁적거리는 일부터 시작하자.

먼저 오늘 묵상한 말씀을 적어 본다.

묵상한 말씀을 적으면서 계속 나를 붙잡는 구절을 다시 한번 적어 본다. 또 적어 본다.

더 쓸 수 있다면 곱씹은 내용에서 깨달은 내용을 적을 수 있을 만큼 적어 보자. 분량에 부담 갖지 말고 내가 쓸 수 있을 만큼이다.

묵상 글쓰기를 계속하면 묵상 기도 일기를 작성할 수 있게 된다.

매일 일기를 쓰듯 오늘 곱씹은 묵상 말씀으로 하루를 비추어 볼 수 있다.

우리는 안다.

결국 무엇을 해내는 일은 지속되는 어떤 행위가 있어야 한다는 것을 말이다.

우리가 오늘도 계속할 수 있는, 곧 나를 성장시키는 방법에 참여해야 한다.

지속할 수 있는 그 일이 우리를 '나다움'으로 이끌어 간다.

묵상 글쓰기가 우리에게 주는 유익은 멀게 느껴졌던 하나님 말씀이 나와 함께하고 있음을 깨닫게 되는 일이다. 살아있는 하나님 말씀임을 경험하게 된다.

나를 통과하는 말씀이란 내가 묵상 글쓰기를 할 때 이뤄진다.

내가 무엇을 하든 그것이 나를 통과하고, 내가 그것을 통과한다면, 나는 이미 지속하는 그 일의 사람이 된다.

박웅현은 "일상이 성사다!(日常이 聖事다)"라고 말한다.

"그저 내가 해야 할 일상의

　작은 의무들을 수행하는 것.

　그것이 부조리하고 불합리한 인생을

　잘 살아갈 수 있는 유일한 길이다.

　내 조건과 남의 조건을 비교하며

　이러쿵저러쿵 따지지 말고

　내 할 일을 묵묵히 수행하는 삶의 자세."[86]

　일상이 성사인 이유는 하루하루가 성스럽기 때문이다.

　우리에게 묵상은 아주 작은 일일 수 있다. 하지만 그 작은 일에 정성을 다한다면 그리고 나를 통과하도록 글쓰기로 연결된다면 우리 일상도 성스러운 일이 된다.

　나아가 日常이 聖事가 되게 할 수 있다.

쓸 때 보이는 것들

기록할 때 보이는 것들이 있다. 묵상을 기록하면 적을 때 마주하는 일들이 있다.

　"글쓰기를 통해서 나는 내 안에 계신 하나님의 영과 이어지면 나를 새로운 곳들로 인도하시는 방식을 경험하게 된다. 글쓰기를 생각이나 통찰이나 비전을 기록하는 것으로 생각하는 사람들이 많이 있다. 그들은 우선 뭔가 할 말이 있어야 그것을 지면에 옮길 수 있다고 생각한다. 그들에게 있어서 글쓰기란 이미 존재하는 생각을 기록하는 것에 다름 아니다. 그러나 그런 접근으로는 참된 글쓰기가 불가능하다. 글쓰기란 내 안에 살고 있는 것들을 발견해 가는 과정이다. 우리 안에 살아 있는 것들이 무엇인지 글쓰기 자체를 통해서 밝혀진다.

글쓰기의 가장 깊은 만족은 글쓰기를 통해서 우리 안에 새로운 공간들이 열린다는 바로 그 점이다. 글을 쓰기 시작하기 전까지는 자신도 모르고 있던 공간들이다.

글을 쓴다는 것은 마지막 종착점을 모르는 여정을 떠나는 것과 같다. 그래서 글쓰기는 굉장한 신뢰의 행위를 요한다. 우리는 자신에게 '내 마음속에 무엇이 들어 있는지 나도 아직 모르지만 글을 쓰다 보면 그것이 나오리라고 믿는다'고 말해야 한다. 글쓰기는 내게 있는 몇 안 되는 빵과 물고기를 내주는 것과 같다. 그렇게 내줄 때에 그것이 크게 늘어날 것을 믿고서 말이다. 내게 오는 소수의 생각들을 일단 과감히 지면에 '내주면', 우리는 그 생각들 밑에 얼마나 많은 것이 숨어 있는지 비로소 발견하게 되고, 그리하여 점차 자신의 부요와 자원과 이어지게 된다."[87]

묵상 글쓰기를 시작하면 하나님은 나를 새로운 곳들로 인도하신다.

묵상 글쓰기를 통하여 내 안에 무엇이 있는지 발견하게 된다. 내면을 들여다보는 시간이다.

우리 내면을 각자가 보게 되며, 글쓰기를 통한 새로운 공간이 열리는 일을 경험하게 된다.

묵상 글쓰기를 통한 결과이다.

쓰지 않는다면 얻을 수 없는 통찰이다.

묵상 글쓰기를 지속하는 이들만 알 수 있는 깊은 울림을 만나게 된다.

그 울림은 내 안에 새로운 공간이 열리는 일로 연결되고, 그 공간을 통하여 하나님께서 어떤 일을 하시는지를 보게 된다.

일반 글쓰기에서도 우리에게 좋은 영향력이 있다.

기록하는 사람만 볼 수 있는 일들이 있다.

『고수의 독서법』 한근태는 "글 쓰는 사람이 세상을 바꾼다"라고 말한다.

"아무리 책을 많이 읽어도 아웃풋이 없으면 한계가 있다. 내가 생각하는 독서의 최고 아웃풋은 글쓰기다. 하나의 주제로 글을 쓰고 낭독해본다."[88]

책을 읽는 데서 자신이 그 책에 대하여 글을 쓰는 일, 곧 아웃풋

독서를 하는 사람이 결국 세상을 바꾸는 사람이 된다는 말이다.

'적자생존'이란 말을 아는가?

'적자생존'의 원뜻은 '경쟁을 이겨내고 환경에 적응하는 것만 살아남는다'란 뜻이다. 그런데 이 '적자생존'은 '적는 자만 살아남는다'라고 새롭게 해석한다.

세상에서도 기록하고 적는 자가 살아남을 수 있다.

특히 힘들 때를 보내고 있는 요즘 사람들은 적기 시작했다.

기록하면서 그들은 삶의 방향을 바꾸고, 마음 상태를 들여다보고 있다.

잘 살기 위한 몸부림이다.

세상 소금과 빛인 우리는 어떠한가?

말씀을 읽으면 그 말씀이 나를 통과하고, 내가 그 말씀을 통과하는 의식을 치르고 있는가?

적어야 한다. 적을 때만 보이는 일들이 있다.

아무도 내가 쓰고 있는 묵상 일기는 보지 않는다. 그러니 내가 하나님께 하고 싶은 말, 기억해야 할 말씀, 나를 통과하도록 온몸으로 묵상을 시작하자.

적는 자가 잘 산다.

적는 자 세계로 들어오라.

쓸 때 문해력은 높아진다

쓸 때 문해력은 높아진다. 우리가 묵상 내용을 쓰기 시작하면 문해력은 높아진다.

문해력이란 무엇인가?

'어른의 문해력' 김선영 작가는 말한다.

"문해력이란 글을 읽고 해석하는 힘, 나아가 문장 속에 숨어 있는 맥락을 찾아내고 내 글로 확장하는 능력을 포함합니다."[89]

문해력은 글을 읽고 해석하는 힘이다.

문해력은 문장 속에 있는 맥락을 찾아 이해하고 글로 확장하는 능력이다.

우리가 하는 묵상에서 이 모든 과정이 포함된다.

묵상을 성실히 한다면 문해력은 높아지게 된다.

그리스도인에게 문해력이 필요할까?

2021년 10월 25일 자 한겨레 신문에 인지종교학자 구형찬은 "종교 문해력이 필요한 사회"라는 기사를 실었다.

"교육부의 '2020년 성인문해능력조사'에 따르면, 우리나라 성인의 20.2%가 공공 및 경제생활에 필요한 수준의 문해력을 갖추지 못한 것으로 나타났다. 무려 약 889만 명에 해당하는 수치다. 놀랍게도 그중 약 200만 명의 문해력은 초등학교 1~2학년의 수준에도 미치지 못하는 것으로 추정된다. 한국 사회의 낮은 문맹률과 높은 교육열에 비추어 보면 의외의 결과다.

개인의 문해력은 '가방끈 길이'가 결정하지 않는다. 다양한 요인이 작용한다.

정보 환경과 미디어 환경의 변화에 따라 사회가 요구하는 문해력의 성격과 수준이 달라지기도 한다. 요즘 '디지털 정보 문해력'이나 '미디어 문해력'의 중요성이 강조되는 것도 바로 그런 맥락에서다. 그러나 그것이 전부는 아니다. 우리는 매우 다양한 종류의 문해력이 요청되는 시대를 살고 있다."[90]

우리는 다양한 종류의 문해력이 요청되는 시대를 살고 있다.

그러나 현재 우리는 대체로 책을 정독하지 않는다. 스마트 기기 세상에서 우리는 모두 난독증에 걸려있다. 제대로 읽고, 해석하고, 문맥을 파악하는 능력, 곧 문해력을 잃고 있다.

하나님 말씀을 묵상하는 우리는 이 시대 리더이다.

하나님 말씀을 묵상하므로 얻게 된 문해력은 세상을 밝히는 힘이 된다.

하나님 말씀대로 살고자 하는 우리라도 정신을 차려야 하지 않을까.

문해력은 좋아질 수 있는가?

『난독의 시대』박세당. 박세호는 말한다.

"문해력이란 결국 개인이 독서를 통해 성장하는 것이므로, 단어, 어휘, 문장은 음식에 해당하고, 독서는 연습에 해당한다. 읽기 습관을 들여 체화하는 것은 반복되는 훈련과 같고, 사고의 유연성을 기르는 것은 동작의 정확성과 유연성을 기르는 것과 같다."[91]

우리에게 문해력이 필요한 일차적 이유는 하나님 말씀에서 정확한 메시지를 듣기 위함이다.

나의 문해력은 어떤 상태일까?

읽고, 쓰지 않고 있다면 문해력 상태는 그리 좋지 않다.

문해력은 읽고 쓰는 작업을 통해 얻을 수 있기에 그렇다.

일요시사 이지현이 제시하는 '문해력 높이는 방법'이다.

"첫째, 모르는 어휘 알아보기입니다.

어휘력을 늘리기 위해 다양한 장르의 책들을 읽는 것이 중요하며, 독서 중 모르는 어휘나 단어가 나올 경우 바로바로 국어사전을 통해 검색해보는 것이 중요합니다.

둘째, 독서 일기입니다.

독서는 문해력을 향상시키는 가장 기본적인 방법 중 하나입니다. 독서 일기장을 만들어 하나하나 기록해 자주 되뇌이고 들여보다 보면 어휘력은 풍부해지고 더 나아가 감성도 풍족하게 해줄 것입니다.

셋째, 생활 글쓰기입니다.

꾸준한 글쓰기 연습을 통해서도 문해력을 키울 수 있습니다.

어렵고 딱딱한 글쓰기보다 편지 혹은 짧은 일상 글 써보기 및 필사 등 쉽게 쓸 수 있는 글쓰기로 시작한다면 생각보다 쉽고 빠르게 문해력을 높일 수 있습니다.

넷째, 독서토론입니다.

단순히 책만 읽고 끝나는 것이 아니라 읽은 책에 대해 느낀 점들을 질문하고 토론하며 몰랐던 내용을 더 이해하게 됩니다."[92]

우리는 묵상할 때 읽고 있다. 문해력까지 얻을 수 있는 최적의 시간이다.

묵상할 때 읽은 내용을 쓰고 있다면 문해력까지 높아질 수 있다.

문해력은 하나님 메시지를 온전히 이해하고 습득하는 능력이다.

문해력이 높으면 설득력은 따라온다.

내가 이해한 내용을 자연스레 전달할 수 있다.

우리는 나만 잘 살기 위해 존재하는 사람들이 아니다.

나를 통하여, 나로 말미암아, 나 때문에 사람이 변하고, 이웃이 달라지고, 땅이 변한다.

아브라함에게 주셨던 약속은 여전히 유효하다.

"내가 너로 큰 민족을 이루고 네게 복을 주어 네 이름을 창대하게 하리니 너는 복이 될지라 너를 축복하는 자에게는 내가 복을 내리고 너를 저주하는 자에게는 내가 저주하리니 땅의 모든 족속이 너로 말미암아 복을 얻을 것이라 하신지라"(창 12:2~3).

우리는 문해력을 얻기 위해 묵상하지 않는다.
꾸준한 묵상에서 문해력을 얻는다.
문해력이 높으면 세상을 파악할 수 있다.
하나님 말씀을 통해 얻은 문해력이기에 영적 통찰력을 얻게 된다.
묵상에서 문해력을 높이는 일까지 성실히 해 나가자.

5장

다시
말씀 앞으로

남다른 삶을 위하여

묵상하는 삶은 남다르다

묵상하는 삶은 남다르다. 남다를 수밖에 없다. 우리는 특별하다. 하나님께서 특별히 선택하셨다. 남다르게 살아내라고 말이다.

"너희가 나를 택한 것이 아니요 내가 너희를 택하여 세웠나니 이는 너희로 가서 열매를 맺게 하고 또 너희 열매가 항상 있게 하여 내 이름으로 아버지께 무엇을 구하든지 다 받게 하려 함이라"(요15:16).

하나님께서 나를 부르셨다. 택하셨다. 세우셨다. 열매를 맺기 위한 부르심이다.

우리 부르심은 꽃을 피우기 위함이 아니다. 열매를 맺기 위한 부르심이다.

이찬수 목사는 절절한 메시지를 전한다.

"나는 우리가 다 화려하게 자기를 꽃피우려는 어리석은 시도를 멈추고 열매 맺는 인생이 되기를 원한다. 아름다운 인격의 열매를 맺는 우리 모두가 되길 바란다. 이것이 주님 안에 거할 때 우리가 맺는 첫 번째 열매다."[93]

묵상하는 사람 인생은 아름답다.

아름다움은 화려한 꽃에 있지 않다. 다른 이에게 유익을 줄 수 있는 열매에 있다.

묵상하는 사람이 열매 맺는 삶이 된다.

꽃은 한 번 피고 지면 그만이나 열매는 많은 이들을 유익하게 한다.

남다름은 한 번에 이뤄지지 않는다.

열매를 맺기 위해서는 부단한 견딤과 버팀이 필요하다.

하나님 말씀에 뿌리 둔 삶으로 나아가기 위해서는 선택과 집중이 필요한 법이다.

그리스도인이든 아니든 요즘 일어나고 있는 유익한 현상이 있다.

'미라클 모닝'이다.

'미라클 모닝'에 참여하는 사람들이 있다.

남다르게 살고 싶어 새벽에 일어나 그 고요한 시간을 맛보는 사람들이다.

『나는 아침마다 삶의 감각을 깨운다』 고토 하야토는 아침을 깨우는 사람의 변화를 그림 한 컷으로 설명한다. 미라클 모닝을 시도한 사람은 매일 시간에 쫓기며 사는 모습에서 여유롭게 인사하며 출근하는 모습이다.[94]

우리도 '미라클 모닝'을 시도해 보자.

고요한 시간, 혼자 있는 시간을 스스로 깨워 하나님과 함께하는 시간을 만들어 보자.

하나님께서 우리를 남다르게 살라고 부르셨다.

믿음 있는 사람이 남다른 삶을 살게 된다.

믿음으로 반응하는 사람이 남다르게 살게 된다.

다르게 살고 싶어서, 나답게 살고 싶어 새벽을 선택하는 사람들.

우리는 하나님 말씀대로 살고 싶은 선택,

하나님과 함께함을 맛보고 싶은 결단을 단행하자.

묵상은 나를 하나님 자녀답게 한다.

묵상은 나를 남다르게 살 수 있는 내적인 힘을 공급한다.

하나님 말씀 사모하는 열정을 다해 '미라클 모닝 묵상'을 시작해 보면 어떨까.

새벽만이 모닝은 아니다. 깨는 시간을 30분 앞당겨 그 시간을 미라클로 만드는 일에 우리 모두 동참하자. 나만 시작할 일이 아닌 너, 나, 우리 모두 다시 말씀 앞으로 나아가자.

묵상하는 삶이 거룩하다

묵상하는 삶이 거룩하다. 묵상하는 사람은 삶을 거룩하게 살아낸다.

'거룩'이 무엇인가?

성경 사전 정의는 '잘라냄, 분리됨', 곧 '더러움과 분리된 상태'를 말한다.

묵상하기 위해 우리는 시간을 분리했다.

그 시간에 오직 하나님 말씀만 곱씹는다. 다른 책이 아닌 하나님 책으로 구별되었다.

묵상하는 사람이 거룩하다.

묵상하는 삶이 거룩하다.

죄로 인해 사람은 하나님과 멀리 있어야 했다. 하나님을 찾아야 하는 존재가 되었다.

하나님과 나 사이 간극은 오직 하나님 말씀에 순종할 때 회복된다.

그 회복 첫 번째 꿰어 할 단추가 말씀 묵상이다.

우리 공동체는 8년째 묵상을 이어오고 있다.

처음 묵상을 시작한 분들은 그 과정을 힘들어한다.

먼저는 훈련이 안 된 몸 때문에 힘들다.

묵상은 엉덩이 근육이 있어야 할 수 있는 일이다.

준비되어 있지 않은 근육을 사용하다 보면 당연히 여기저기 아프고 쑤신다. 견뎌야 한다.

엉덩이 근육을 단단하게 만들어야 한다.

몸이 어느 정도 익숙해지면 머리를 탓한다.

자신 머리가 좋지 못해 암송이 힘들다는 투정을 시작한다. 투덜거린다.

꽉 막힌 하나님 관계에서 뚫어야 하는 두 번째 관문이다.

투덜거리는 상태를 잠재울 방법은 '기도'가 아니다. '감사 일기'이다.

한 줄 오늘 묵상 말씀을 쓴다. 그리고 감사 일기를 한 줄 쓰게 한다.

3일쯤 되면 대체로 투덜거림은 잠잠해진다. 대신 그 투덜대던 공간에 감사가 채워진다.

이제부터 진짜 묵상이 시작된다.

물론 고비가 찾아온다. 그만두고 싶은 사람 생각이 찾아온다.

'내가 뭐 대단한 일 하겠다고 이 나이에 이러고 있는지'

'이러고 있는 내가 불쌍하다'

고비이다. 넘어가야 한다.

찾아온 고비에는 일기 쓰기가 답이다. 일기장을 마련해 자신이

하고 싶은 이야기를 거침없이 적게 한다. 그리고 공동체에서 하고 싶은 이야기를 하도록 유도하고, 들어준다.

넓은 마음으로 들어주는 일이 아니다. 넘어갈 수 있기에 들어준다.
묵상은 넘어야 할 단계가 있다.

"내가 거룩하니 너희도 거룩하라"(레11:45).

거룩은 거저 가질 수 있는 상태가 아니다.
『행복한 말씀묵상학교』박관수 목사는 전한다.

"묵상은 우리의 뿌리를 거룩한 땅, 곧 영원한 반석이신 하나님에게로 깊이 내림으로써 영혼에 양분을 섭취하는 일이다. 뿌리를 아래로 깊게 내릴수록 위로 더 많은 열매를 맺는다."[95]

묵상을 통한 거룩은 우리 뿌리가 하나님 말씀으로 깊게 내리는 일이다.

거룩은 꾸준하게 하나님 말씀에 잇대어 있는 상태를 말한다.

내가 어느 단계에 머물러 있든, 그리고 어느 단계에서 묵상을 멀리했든, 이제 우리 다시 묵상을 시작하자.

하나님 형상으로 지음 받은 그대여!

예수 그리스도 몸을 이루고 있는 그대여!

묵상하는 사람이 거룩하다.

묵상하는 삶이 거룩하다.

우리 거룩해질 수 있다.

묵상하는 사람이 그리스도인이다

그리스도인은 묵상하는 사람이다. 하나님 말씀을 읽고, 생각하고, 읽고, 곱씹어 먹고 소화하는 더불어 그 말씀으로 사는 사람이다. 그리스도인은 하나님 말씀 묵상 없이 살 수 없다.

하나님 말씀 없이 살아가고 있다면 껍데기 인생이다.

베드로 사도는 분명한 메시지를 우리에게 전하고 있다.

"그의 신기한 능력으로 생명과 경건에 속한 모든 것을 우리에게 주셨으니 이는 자기의 영광과 덕으로써 우리를 부르신 이를 앎으로 말미암음이라 이로써 그 보배롭고 지극히 큰 약속을 우리에게 주사 이 약속으로 말미암아 너희가 정욕 때문에 세상에서 썩어질 것을 피하여 신성한 성품에 참여하는 자가 되게 하려 하셨느니라 그러므로 너희가 더욱 힘써 너희 믿음에 덕을, 덕에 지식을, 지식에 절제를, 절제에 인내를, 인내에 경건을, 경건에 형제 우애를, 형제 우애에 사랑을 더하라 이런 것이 너희에게 있어

흡족한즉 너희로 우리 주 예수 그리스도를 알기에 게으르지 않고 열매 없는 자가 되지 않게 하려니와 이런 것이 없는 자는 맹인이라 멀리 보지 못하고 그의 옛 죄가 깨끗하게 된 것을 잊었느니라"(벧후1:3~9).

'신성한 성품에 참여하는 자'가 묵상하는 사람이다.

우리는 그 신성함 성품에 참여하는 자로 선택받았다.

우리 일상은 말씀 묵상으로 시작하여 말씀 묵상으로 하루를 닫아야 한다.

말씀으로 살아내야 하기에 그렇다.

그리스도인에게 말씀을 공부하는 시간은 중요하다.

기도 시간은 더할 나위 없이 소중하다. 더불어 말씀을 읊조리는 묵상 순간도 귀하다.

어느 것 하나 놓칠 수 없다.

하나님 나라 신성한 성품에 참여한 우리는 그 나라 안에서 살고 있음을 오늘도 깨달아야 한다. 묵상 없이 우리 정체성을 확인할 길이 없다.

『하나님을 경험하는 삶』 헨리블랙가비는 우리에게 전한다.

"하나님이 그분의 말씀을 통해서 진리를 계시하실 때, 그것이 저를 하나님과의 만남으로 인도해 주는 것이 아니고 그것 자체가 하나님과의 만남입니다. 그분이 진리를 저에게 계시하실 때, 살아 있는 한 인격체가 임재해 있는 그곳에 제가 있는 것입니다. 그분은 성경의 저자이십니다. 그 저자는 그분이 내 인생에서 무슨 일을 하고 계신지를 성경 말씀을 통해서 말씀하십니다. 하나님의 영은 하나님의 마음을 아십니다. 그분이 하나님의 뜻을 하나님의 말씀을 통해서 저에게 알려주실 것입니다. 그러면 저는 그 진리를 받아들이고 즉시 내 인생을 그분께로 조정해야 합니다. 저는 제 인생을 어떤 개념이나 철학에 따라 조정하는 것이 아니라 한 인격체에 맞추는 것입니다."[96]

하나님께서 깨닫게 해주시는 말씀은 곧 하나님이시다.

우리 상황이 어떠하든 하나님 말씀을 읊조리는 묵상을 시작해야 한다.

그 말씀으로 사는 힘을 우리도 다시 경험해야 한다.

하나님 말씀이 우리에게 가장 큰 힘이다.

하나님을 아는 일이 가장 소중하고 중요한 일이다.

하나님을 얻고 나를 안다

말씀 한 절이 하나님을 보게 한다

한 절에서 하나님을 보게 한다. 묵상은 하나님 말씀 한 절로 하나님
을 새롭게 보게 한다.

『나를 넘어서는 성경 묵상』 옥명호는 한 줄의 텍스가 가진 힘을
말한다.

"너희는 귀를 기울이고, 나에게 와서 들어라. 그러면 너희 영혼
이 살 것이다."(새번역 사55:3). "한 줄의 텍스트가 뇌리를 치며 가
슴을 파고듭니다. 이 한 구절의 말씀은 귀를 기울여 좇아야 할 대
상이 누구인지 알려줍니다. 예언자 이사야가 전하는 말씀은 저를

자책감과 불안, 죄책감으로 밀어붙이는 폭군 같은 '내적 조급증'에 귀 기울이지 말라는 나무람으로 다가왔습니다. 오직 '들어라, 내게 들어라'(사 55:2) 하십니다. 이 한 줄의 문장이, 이 짧은 텍스트가 마치 허방을 짚고 쓰러질 것 같던 저를 바로 세워 다시금 안돈케 합니다. 갈피를 못 잡던 제 원고의 향방을 찾게 합니다."[97]

갈팡질팡하던 그때, 조급증으로 어찌할지 몰라 했던 그 순간 하나님 말씀 한 절은 나를 가다듬게 된다. 짧은 한 절이 쓰러질 것 같던 우리를 다시 안돈케 한다.

하나님 말씀은 우리에게 하나님이 어떤 분이신지를 가르쳐 준다.

하나님을 알면 내가 처한 상황을 객관적으로 볼 수 있는 능력이 생긴다.

하나님 아는 지식이 주는 가장 큰 유익이다.

실제 우리 교회 성도님이 전해 준 디모데전서 1장으로 하나님을 알게 된 내용을 고백했다.

1장 핵심은 디모데에게 믿음과 착한 양심을 지키기 위한 권면의 말씀이다.

사도 바울은 마게도냐로 가기 전 디모데에게 '에베소에 머물라'고 전한다. 머물러야 하는 까닭은 다른 교훈을 가르치는 이들, 신화와 끝없는 족보에 몰두하여 변론을 내는 자들 때문이었다. 신앙이 무엇인가를 5절에서 말한다.

"이 교훈의 목적은 청결한 마음과 선한 양심과 거짓이 없는 믿음에서 나오는 사랑이거늘 사람들이 이에서 벗어나 헛된 말에 빠져"

신앙은 청결한 마음, 선한 양심, 거짓이 없는 믿음에서 나오는 사랑을 실천하는 일에 있다.

하나님의 경륜을 전하는 사도바울은 자신이 어떻게 그 놀라운 일에 자신이 참여하게 되었는지를 다시 깨닫는다.

12절-13절 "나를 능하게 하신 그리스도 예수 우리 주께 내가 감사함은 나를 충성되어 여겨 내게 직분을 맡기심이니 내가 전에는 비방자요 박해자요 폭행자였으나 도리어 긍휼을 입은 것은 내가 믿지 아니할 때에 알지 못하고 행하였음이라"

사도바울은 자신이 누구인지를 하나님 말씀을 전하므로 다시 확인하게 된다.

자신은 비방자, 박해자, 폭행자였다. 그러나 예수 그리스도 긍휼을 입자 자신은 하나님 복음을 전하는 자임을 알게 된다.

은혜를 깨닫게 된 사도바울은 14절~17절 찬양을 한다.

"우리 주의 은혜가 그리스도 예수 안에 있는 믿음과 사랑과 함께 넘치도록 풍성하였도다 미쁘다 모든 사람이 받을만한 이 말이여 그리스도 예수께서 죄인을 구원하시려고 세상에 임하셨다 하였도다 죄인 중에 내가 괴수니라 그러나 긍휼을 입은 까닭은 예수 그리스도께서 내게 먼저 일체 오래 참으심을 보이사 후에 주를 믿어 영생 얻는 자들에게 본이 되게 하려 하심이라 영원하신 왕 곧 썩지 아니하고 보이지 아니하고 홀로 하나이신 하나님께 영광이 영원무궁하도록 있을지어다 아멘"

자신에게 긍휼을 베푸신 예수 그리스도 은혜를 깨닫자 사도바울은 하나님을 알게 된다.

더 나아가 나에게 주신 그 은혜를 찬양하며 전에는 내가 이러했다 자백을 하고 영원하신 왕을 높여 찬양하는 자리에 서게 된다.

사도바울은 하나님을 이 글을 쓰면서 더 깊이 깨닫게 되자, 찬송과 영광을 돌리게 된다.

이렇듯 묵상 한 절은 하나님을 알아가는 첫 단계이다.

그 말씀 한 절에서 깨닫게 된 하나님 앎은 나라는 사람을 제대로 파악하게 된다.

하나님께서 우리를 인도해 가시는 방법이다.

하나님 말씀 묵상은 그런 하나님을 보게 된다. 하나님을 알게 된다.

하나님을 알게 된 우리는 '선하심을 인자하심을' 찬양하게 된다.

묵상 한 절이 나를 살린다. 하나님을 경험함으로 내가 살아난다.

"내 영혼아 여호와를 송축하라 내 속에 있는 것들아 다 그의 거룩한 이름을 송축하라 내 영혼아 여호와를 송축하며 그의 모든 은택을 잊지 말지어다"(시편 105:1-2)

하나님을 경험함은 하나님 말씀 묵상에서 이뤄지는 놀라운 일이다. 하나님께서 우리를 인도하시는 일이다.

하나님 마음을 얻는다

묵상으로 우리는 하나님 마음을 얻는다.

하나님 말씀인 성경을 계속 읊조리다 보면 얻는 소중한 보물이 있다. '하나님 마음'이다.

"주의 폭포 소리에 깊은 바다가 서로 부르며 주의 모든 파도와 물결이 나를 휩쓸었나이다" (시 42:7).

말씀 묵상은 내가 하는 일이 아니라 인도하심을 따라가는 일이기에 그러하다.

우리가 원하는 그것을 받기보다 먼저 하나님 마음을 얻게 된다.

하나님 말씀 묵상은 하나님과 친밀한 관계를 맺어가는 단계이다.

말씀 묵상이 지닌 힘은 나를 변화시키는 일에 있다.

『행복한 말씀 묵상 학교』 박관수 목사는 말씀 묵상 목표를 전한다.

"기도나 말씀 묵상, 예배의 목표는 모두 동일하다. 하나님의 말씀을 행함으로 삶이 변화되는 것이다. 왜냐하면 구원의 목적은 하나님의 아들이신 예수님의 형상을 본받는 삶이기 때문이다. '하나님이 미리 아신 자들을 또한 그 아들의 형상을 본받게 하기 위하여 미리 정하셨으니 이는 그로 많은 형제 중에서 맏아들이 되게 하려 하심이니라(롬8:29)'. 구원받는 자는 죽는 날까지 매일 말씀을 실천에 옮김으로 예수님의 모습을 닮아가야 한다. 그러기 위해서 말씀을 묵상하는 것이다."[98]

하나님께서 우리에게 말씀을 주신 이유는 내가 변화되길 원하시기 때문이다.

우리에게 말씀하시는 이유는 내가 변화되어 하나님으로 시작된 인생임을 깨닫게 하기 위함이다. 나의 시작을 깨닫게 되면 하나님 아들 예수 그리스도 형상을 본받기 위한 걸음이 시작된다. 곧 하나님 마음을 아는 일이 서서히 시작되는 지점이다.

우리가 오늘도 봐야 할 곳은 목적 없이 무작정 달려가는 세상이 아니다.

하나님이 바라보시는 곳을 보고, 가리키시는 손가락을 바라보는 일이다.

시편 123편 기자는 고백한다.

"상전의 손을 바라보는 종들의 눈 같이, 여주인의 손을 바라보는 여종의 눈 같이 우리의 눈이 여호와 우리 하나님을 바라보며 우리에게 은혜 베풀어 주시기를 기다리나이다"(시123:2)

묵상은 하나님을 찾게 한다.

묵상은 내가 하나님을 찾지만 결국 하나님이 나를 찾고 계심을 깨닫게 된다.

나를 찾고 계시는 하나님과 눈을 마주치면 그 순간 하나님 마음을 알게 된다.

그 마음을 아는 자가 하나님 나라에 잇대어 사는 성도가 된다.

하나님 안에 있는 내가 보인다

묵상은 하나님 안에 있는 나를 발견하는 일이다.

예수님은 우리에게 사도 요한을 통하여 말씀하셨다.

"나는 포도나무요 너희는 가지라 그가 내 안에, 내가 그 안에 거하면 사람이 열매를 많이 맺나니 나를 떠나서는 너희가 아무것도 할 수 없음이라"(요15:5)

하나님 말씀을 멀리한다면 우리는 말씀이 지닌 모든 것을 경험할 수 없다.

예수님 안에 내가 있음을, 내 안에 예수님이 계심을 그리고 이 모두를 하나님께서 품고 계시는 오묘한 진리를 알지 못한다.

우리가 오늘 사는 이유는 살아있기 때문이 아니다. 어쩔 수 없이 사는 인생이 아니다.

우리가 오늘도 살아야 하는 이유는 나에게 생명을 연장하신 예수님 때문이다.

오늘은 새날이라고 말씀하시는 하나님 선하심 때문이다.

"내가 그리스도와 함께 십자가에 못 박혔나니 그런즉 이제는 내가 사는 것이 아니요 오직 내 안에 그리스도께서 사시는 것이라 이제 내가 육체 가운데 사는 것은 나를 사랑하사 나를 위하여 자기 자신을 버리신 하나님의 아들을 믿는 믿음 안에서 사는 것이라"(갈 2:20)

우리 공동체에서 일주일 내내 암송했던 말씀이다.

공동체 겨울 사역은 말씀 암송 학교를 연다. 프로그램으로 계획하지 않는다.

오직 말씀 암송을 통한 경험을 주기 위함이다.

암송 시작 3일째 되면 놀라운 일이 눈앞에 펼쳐진다.

어린아이에서 노년에 이르기까지 모두 참석하는 '암송 학교'에서 하나님 안에 있는 자신을 발견하는 놀라운 경험 이야기가 쏟아진다.

예수님을 믿지 못했던 아이에게서 눈물의 고백이 시작되었다.

"나도 예수님 믿고 살래요."

자신이 왜 이러는지 설명할 수 없는 아이의 고백은 그 한마디로 공동체를 가득 메웠다.

"나도 예수님 믿고 살래요."

암송하는 우리는 스스로 묻기 시작했다.

'내가 예수님을 믿고 있는가? 하나님께서 내가 믿을 수 있도록 하시는가?'

인도하시는 하나님 때문임을 깨닫게 된다.

우리와 함께하시는 그 하나님을 말씀 속에서 발견하게 된다.

'유레카!' '찾았다.' '알았다.' 깨닫게 되는 순간 외치는 한 마디. '유레카!'

우리가 찾아야 할 것은 세상이 아니라 하나님이시다.

하나님 마음에 있는 나를 발견하는 일, 나를 품고 있는 하나님을 목도 하는 일이다.

이때 우리는 '유레카!'를 외쳐야 하지 않을까.

묵상은 하나님 안에서 나를 보는 일이다.

그 멋진 일을 우리에게 보여주셨다.

그 위대한 일에 함께하자고 하신다.

위대한 발걸음을 시작하라

행복은 묵상 안에

묵상은 행복을 발견하는 일이다. 묵상은 행복한 시간이다. 아니 행복을 발견하는 순간이다.

하나님 말씀을 읊조리는 묵상은 내가 얼마나 행복한 사람인가를 깨닫게 된다. 곧 내가 복된 사람임을 알게 된다.

"심령이 가난한 자는 복이 있나니 천국이 그들의 것임이요

애통하는 자는 복이 있나니 그들이 위로를 받을 것임이요

온유한 자는 복이 있나니 그들이 땅을 기업으로 받을 것임이요

의에 주리고 목마른 자는 복이 있나니 그들이 배부를 것임이요

긍휼히 여기는 자는 복이 있나니 그들이 긍휼히 여김을 받을 것임이요

마음이 청결한 자는 복이 있나니 그들이 하나님을 볼 것임이요

화평하게 하는 자는 복이 있나니 그들이 하나님의 아들이라 일컬음을

받을 것임이요

의를 위하여 박해를 받은 자는 복이 있나니 천국이 그들의 것임이라

나로 말미암아 너희를 욕하고 박해하고 거짓으로 너희를 거슬러 모든

악한 말을 할 때에는 너희에게 복이 있나니 기뻐하고 즐거워하라 하늘

에서 너희의 상이 큼이라"(마5:3-12)

묵상하는 나에게 복이 있다. 아니 내가 복 된 사람이다.

하나님 사람, 하나님 자녀, 하나님 백성이다.

김남준 목사는 『깊이 읽는 여덟 가지 복』에서 하나님 자녀가 무

엇인가를 전하고 있다.

"인간은 행복을 찾는 존재입니다. 행복을 추구하는 일을 쉽게

그만두지 않습니다. 살아 있는 것 자체가 더 좋은 상태를 욕망하

는 것이기 때문입니다. 따라서 불행하게 된 모든 사람들은 행복해

지려다가 그리된 것입니다. 우리는 소유함으로써 행복에 이를 수

있다고 생각합니다. 불행과 고통이 다만 지상 자원의 결핍에서 오

는 것이라고 여깁니다. 오늘날 자본주의 사회에서는 더욱 그렇습

니다. 그러나 참된 행복은 소유에 있지 않습니다. 그것은 오히려 사람됨에 있습니다. 인간의 행복은 존재, 곧 어떤 사람이 되느냐에 달려 있습니다. 심령이 가난한 자는 무엇을 소유한 사람이 아닙니다. 애통하는 자는 지위를 차지한 사람이 아니고, 온유한 자도 재능을 가진 사람이 아닙니다. 팔복의 사람은 '가진 사람'이 아니라 '된 사람'입니다. 그것은 사람됨을 가리킵니다."[99]

묵상하는 사람은 이미 행복한 사람이다.

묵상을 통해 나를 발견했기에 내가 얼마나 행복한 사람인지를 깨닫게 된다.

묵상을 통하여 우리는 이미 하나님을 얻었다. 예수 그리스도를 내 마음 중심으로 모셨다. 성령님의 간구를 알게 되었다. 이미 복을 얻은 사람이다.

하나님 말씀을 읊조리고, 생각하지 않았다면 우리는 늘 행복을 쫓아다니는 사람이 되지 않았을까. 그런데 하나님 말씀 묵상에서 내가 이미 복된 사람인 것을, 행복한 사람임을 발견하고 찾게 되었다.

하나님께서 우리에게 친히 말씀하신다.

"복되어라. 악을 꾸미는 자리에 가지 아니하고
죄인들의 길을 거닐지 아니하며

조소하는 자들과 어울리지 아니하고,

야훼께서 주신 법을 낙으로 삼아 밤낮으로 그 법을 되새기는 사람

그에게 안 될 일이 무엇이랴!

냇가에 심어진 나무 같아서 그 잎사귀가 시들지 아니하고

제 철 따라 열매 맺으리"(공동번역 시편 1편 1-3절).

스며든 향기는 묵상으로부터 시작된다

묵상은 스며든 향기를 내는 일이다. 각 사람에게 나는 냄새가 아니다. 하나님 말씀 묵상을 통해 우리에게 예수 그리스도 향기가 난다.

사람이 인위적으로 뿌리는 향수 향이 아니다.

하나님 말씀을 읊조리는 과정에서 스며든 예수님 향기이다. 곧 예수님 성품이 스며든 향기다.

하나님이 그토록 원하셨던 하나님 백성다움이 이제야 드러난다.

하나님 마음이 내 안에 스며들 듯 어느새 예수님 마음이 나에게 향기로 스며들었다.

묵상 말씀을 읊조리며 보냈던 시간은 나에게 나는 냄새를 향기로 바꾸었다.

오늘 묵상한 그 말씀에 하나님은 우리를 묶으셨다. 곧 하나님은 말씀으로 예수 그리스도와 나를 묶으셨다.

에베소서 1장 23절은 전한다.

"교회는 그의 몸이니 만물 안에서 만물을 충만하게 하시는 이의 충만함이니라"

박영선 목사는 『성화의 신비』에서 이 말씀을 설명한다.

"하나님이 예수 그리스도를 우리와 묶어 우리의 충만이 예수 그리스도의 충만이 되도록 하셨습니다. 우리는 예수 그리스도의 죽으심과 부활을 구원과만 관련하며 이해하고 있지, 교회로까지 확대하여 이해하지 못합니다. 우리는 모두 예수 그리스도의 구주 되심을 논하며 그분이 지신 십자가만 말하고 있습니다. 그분은 십자가를 지셨을 뿐만 아니라 우리와 당신을 묶어 십자가로 구원을 시작하시고 십자가로 그분의 백성들을 완성하셨습니다. 우리는 하나님이 능력으로 우리와 당신을 묶으셨다는 사실을 대부분 놓치고 있습니다."[100]

하나님 말씀을 읊조리는 묵상을 통해 내 안에 예수님 향기가 스며드는 이유는 바로 하나님께서 나를 예수님과 묶어 두셨기 때문이다.
나뿐만 아니라 교회 공동체를 예수님과 함께 묶어 두셨다.

묶어두심으로 하나님 백성들을 완성하셨다.

하나님 말씀을 묵상하는 일은 예수님과 묶여 진 나를 발견하는 일이다.

그리스도의 장성한 분량이 충만한 데까지 이르러야 하는 나를 발견하는 일이다.

하나님은 우리가 예수님 닮길 원하신다.

하나님은 우리가 예수님 성품으로 세상을 새롭게 하길 원하신다.

거대한 일을 꿈꾸라 하시지 않는다. 소소하게 보이는 작은 일 곧 묵상하는 일로 예수님 향기가 스며드는 일을 계속하라 하신다.

"너희는 세상의 소금이니 소금이 만일 그 맛을 잃으면 무엇으로 짜게 하리요 후에는 아무 쓸 데 없어 다만 밖에 버려져 사람에게 밟힐 뿐이니라 너희는 세상의 빛이라 산 위에 있는 동네가 숨겨지지 못할 것이요 사람이 등불을 켜서 말 아래에 두지 아니하고 등경 위에 두나니 이러므로 집안 모든 사람에게 비치느니라 이같이 너희 빛이 사람 앞에 비치게 하여 그들로 너희 착한 행실을 보고 하늘에 계신 너희 아버지께 영광을 돌리게 하라"(마 5:13-16)

내 안에 스며든 예수님의 향기가 세상 속에서 소금이 되고 빛이 되게 한다.

그 행실은 착한 행실로 하나님께 영광이 되게 하는 일이다.

묵상은 나에게 예수님 향기로 스며들게 한다.

나에게 스며든 예수님 향기로 세상에 가득 차게 하자.

공동체가 함께 하는 묵상

묵상은 공동체가 함께하는 일이다. 묵상은 나 혼자 하는 일이 아니다.

묵상은 함께하는 일이다. 하나님께서 우리에게 주신 공동체 안에서 내가 묵상하는 일이다.

그러므로 묵상은 작지만 위대한 일이다. 소소하지만 위대한 일이다. 보이지 않는 일처럼 보이나 확연히 드러나는 일이다.

하나님 부르심을 입은 우리는 위대한 하나님 사람이다.

우리는 혼자가 아니다.

혼자 세상과 맞서지 않는다.

우리는 함께하시는 하나님 사람이다. 예수님이 내 안에 계신다. 우리를 끝까지 응원하시는 영원한 내 편이신 성령 하나님이 계신다. 그리고 함께하는 지체 공동체 속에 내가 있다.

우리는 혼자 외로운 싸움을 하지 않는다.

예수님 몸을 이룬 공동체는 묵상하는 공동체이다. 위대한 공동체이다.

"그 성경이 나 자신을 읽게 하는 것이 성경 묵상이라면, 그 성경을 읽은 공동체가 나를 읽고 질책하고 일깨우고 격려하도록 맡기는 것 역시 성경 묵상이다. 묵상을 하는 나는 이미 단독자로서의 '나'가 아니라 공동체의 운명과 함께하는 '나'이기 때문에, 나를 향한 관심사와 공동체의 관심사는 별개가 아니다. 공동체와 내가 하나라는 점에서 나는 끊임없이 영향을 받을 준비를 하는 동시에 나도 모르게 누군가에게 영향을 주고 있는 존재다." [101]

묵상은 혼자 하는 일이 아니다. 물론 혼자 하는 고독한 시간을 통과해야 한다.

고독한 시간에 머문 나는 이제 공동체와 함께 나누는 나로 이어져 가야 한다.

우리는 예수님과 함께 묶인 묵상 운명 공동체이기에 그러하다.

우리는 같은 본문으로 하나님 말씀을 읊조린다. 생각한다. 또 읽고 생각하고, 반복하며 나를 통과한 내용을 글로 남긴다. 우리 공동체에서 하는 중요한 일이다.

주일 점심 식사 후 우리는 3-5명 정도 그룹으로 모여 한 주간 암송한 그 말씀을, 읊조린 그 말씀을, 긁적거린 그 말씀에 대하여 나눈다.

누구는 발견한 하나님이 하신 놀라운 일에 대하여 찬양한다.

누구는 아직도 세상에서 헤매는 자신을 발견한 일을 고백한다.

누구는 암송하는 그 과정을 진행 중이다.

각자 속도는 다르다. 하지만 방향은 일치한다.

우리는 혼자가 아니기에 방향은 언제나 일치한다.

또한 예수 그리스도의 몸을 이룬 너와 내가 모여 우리 공동체가 되었음을 고백하는 시간이다. 신앙고백 시간이다.

공동체가 함께 모여 묵상을 나누다 보면 믿음으로 사는 일이 얼마나 힘이 드는지 알게 된다. 나만 혼자 힘들지 않음을 깨닫게 되는 시간이다.

우리 모두가 세상에서 믿음으로 사는 일은 당연한 흐름을 역행하는 일임을 알게 된다.

그리고 서로가 서로에게 힘을 주게 된다.

"하나님 말씀이 없다면 어떻게 이겨낼지 막막했을 겁니다."

"하나님 말씀이 없다면 아직도 세상 법칙에 절어 사는 내가 잘 사는 거라고 믿었을 겁니다."

"하나님 말씀이 없다면 하나님 없는 인생으로 끝났을 거예요."

그렇다! 하나님 말씀 묵상하는 일은 누구의 일이 아니다.

내가 해야 하는 일이다. 개인적으로 결단해야 하는 시간이다.

그 개인과 개인이 모인 공동체에서 묵상을 나눠야 한다. 그리스도의 몸을 이룬 공동체에서 각자 하는 묵상에 대하여 책임져야 한다. 우리는 하나님 말씀에 묶인 공동체이기에 그러하다. 각자가 아니다. 함께이다.

그 위대한 발걸음을 하나님께서 시작하라 명하신다.

소소하지만 행복한 고요한 시간을 선택하자.

하나님과 친밀한 관계 시간을 놓치지 말자.

하나님 은혜는 준비되어 있다. 우리 받을 그릇을 만들자.

오늘 주실 은혜를 기대하며 고대하며 감사함으로 나아가자.

나, 너 그리고 우리는 위대한 발걸음으로 이미 시작했다.

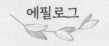

묵상은 하나님과 나만의 놀이터이다.

묵상을 통해 하나님과 나의 만남이 시작된다.

이 만남에서 우리는 하나님을 다시 배우게 된다. 알게 된다. 경험하게 된다.

하나님과 만나는 장소에서, 그 시간이 갖는 의미를 되찾게 된다.

시대는 언제나 어수선했다. 지금도 어수선하다.

이러한 때 그리스도인으로 이 땅에서 사는 일이 무엇인지 곰곰이 생각해야 한다.

하나님 말씀으로 생각하는 일을 시작해야 한다.

하나님 말씀을 묵상하는 만큼 살아내는 힘은 강화된다.

기도가 달라진다.

삶을 대하는 태도가 달라진다.

상황을 파악하는 지혜가 발휘된다.

하나님을 내가 알고 있다면 더 아는 자리를 선택해야 한다.

하나님께서 그 선택을 지지하시고, 응원해주신다.

이어 하나님 깊은 세계를 맛보아 아는 자가 되도록 인도하신다.

묵상을 선택하는 순간 우리는 위대한 발걸음을 떼기 시작하였다.

그 위대한 일에 당신도 초대되었다.

우리 그 위대한 일을 오늘부터 해 나가보자.

익숙해질 때까지 멈추지 않겠다는 기도를 시작하자.

하나님 말씀 없이 우리는 살 수 없다. 작심삼일이어도 괜찮다.

삼 일하고 하루 못했다고 포기하지 말자. 못한 하루는 넘어가고, 또 삼 일을 해보자.

그러다 보면 삼 일이 일주일이 되고, 일주일이 십오일이 되고, 십오일이 삼십 일을 채우게 된다. 삼 일하고 그다음 날 못한 자신을 자책하면 어떤 것도 해낼 수 없다.

말씀 묵상을 한날과 못한 날에 너무 집중하지 말라.

하나님이 나를 얼마나 기뻐하실지에만 집중하자.

우리 하나님은 선하시다. 인자하시다.

그 하나님을 우리가 다시 묵상 책으로 깊게 만날 수 있기를 소망해

본다.

더 깊은, 더 넓은, 더 높은 세계가 있다.

그 세계로 우리를 초청하신다.

묵상은 그 세계로 나가는 디딤돌이다.

혼자 하는 묵상에서 공동체가 함께 참여하는 묵상으로 우리 모두 손잡고 나아가보자.

많은 사람이 안 하는 듯 보여도 이미 많은 사람은 말씀 묵상을 통해 살아계신 하나님, 세밀하신 하나님을 경험하고 있다.

나도 계속한다. 너도 계속한다. 우리 계속해 보자.

우리에게 가장 소중한 하나님 말씀 붙잡고 신실하게 하나님 영광, 찬송하는 우리가 되길 간절히 소망한다!

부록

묵상 연습
'루틴 잡기'

◆ 실제 묵상 내용 ◆

묵상 본문 : **요한복음 12장 1절~8절**

"1 유월절 엿새 전에 예수께서 베다니에 이르시니 이 곳은 예수께서 죽은 자 가운데서 살리신 나사로가 있는 곳이라 ⇨ 때와·시, 등장 인물에 표시를 한다.

2 거기서 예수를 위하여 잔치할새 마르다는 일을 하고 나사로는 예수와 함께 앉은 자 중에 있더라

3 마리아는 지극히 비싼 향유 곧 순전한 나드 한 근을 가져다가 예수의 발에 붓고 자기 머리털로 그의 발을 닦으니 향유 냄새가 집에 가득하더라

4 제자 중 하나로서 예수를 잡아 줄 가룟 유다가 말하되

5 이 향유를 어찌하여 삼백 데나리온에 팔아 가난한 자들에게 주지 아니하였느냐 하니

6 이렇게 말함은 가난한 자들을 생각함이 아니요 그는 도둑이라 돈궤를 맡고 거기 넣는 것을 훔쳐 감이러라

7 예수께서 이르시되 그를 가만 두어 나의 장례할 날을 위하여 그것을 간직하게 하라

8 가난한 자들은 항상 너희와 함께 있거니와 나는 항상 있지 아니하리라 하시니라"

이해한 본문 내용 적기

베다니 나사로를 살리신 예수님을 위한 잔치가 열렸다. 때는 유월절 엿새 전이다. 다들 이 잔치를 위하여 분주히 자기 일에 책임을 다하고 있다. 마르다는 이 잔치의 총책임자로 음식 담당이다. 나사로는 자신이 다시 살았다는 감격을 예수님과 함께 나누고 있다. 마르다는 비싼 순전한 나드 한 근을 가져다가 예수님의 발에 붓고 자기 머리카락으로 그 발을 닦고 있다. 감격과 감사로 가득 찬 가족은 모두 최선을 다해 그 기쁨과 감사를 표현한다.

본문 이해를 위한 질문(전후 문맥을 봐야함)

① 나사로 가족은 누구인가?

요한복음 11장에 의하면 5절 "예수께서 본래 마르다와 그 동생과 나사로를 사랑하시더니" 라고 전한다. 예수님 사랑을 받는 가족이다.

② 예수님과 그 가족은 어떻게 만나게 되었을까?

나사로가 병들었을 때 누이들은 예수께 이 소식을 전한다. 이 행동을 미루어 보아 이들은 친밀한 관계를 유지하고 있었을 것이다.
'베다니'라는 뜻은 가난한 사람의 동네이다. 이 동네에는 가난한 사람들, 형편이 어려운 사람들이 모여 살았다. 베다니라는 곳은 예루살렘에서 3km 떨어진 마을로 성전에서 일하는 일꾼들이 머무는 곳이다.

5절 '사랑하시더니'에서 우정과 영적 사랑으로 맺어진 관계가 확인된다.

예루살렘 성전에서 3km정도 떨어진 베다니, 곧 가난한 자들의 동네에 예수님은 왕래 하셨고, 이곳에서 마르다, 마리아, 나사로와의 만남이 시작되었다. 나사로 집에서 함께 모여 예배하며, 말씀 들으며, 교제를 나누는 곳이었다. 이 곳에서 이 가족은 예수님과 진한 우정을 맺었다.

③ 마리아는 왜 향유를 준비했을까?

마리아는 거의 전 재산을 드려 나드 한근을 준비했다. (전체 상황을 이해하자)

마라아 오빠 나사로가 병들었을 때, 예수님은 조금 늦게 도착한다. 결국 예수님은 죽은 나사로를 만나게 된다.

예수님이 베다니에 도착했을 때 마르다는 예수님께 뛰어나가 맞이하나 마리아는 집 안에 있었다. 분명 예수님이 도착했다는 소식을 함께 들었을터. 마리아는 늦게 온 예수님을 이해하지 못하고 있었던 모양이다. 마리아는 예수님이 빨리 와서 오빠를 고쳐주리라 믿었다. 그런데 예수님은 도착 소식은 들리지 않자 아마 풀이 죽었던 모양이다. 그러나 늦게 온 예수님은 시간과 관계없이 오빠 나사로를 살리셨다. 마리아는 예수님께 뛰어나가 맞이하지 못한 자신을 후회했을 것이다. 그 미안함과 죄송스러움과 감사함에 나드 한 근을 준비하지 않았을까.

그 나드 한 근에 마리아 전부를 예수님께 드려도 아깝지 않다는 마음을 담아 준비했을 일이다. 기꺼이 예수님 앞에 무릎을 꿇고, 자기 머리카락으로 그 향유를 예수님 발을 닦는 행동으로 이어졌다. 사실 마리아 이 행동은 어딘가 맞지 않는 행동이었다.

④ 향유는 언제 사용되었을까?

향유 사용처는 팔레스타인 지역 기후와 연관되어 있다. 물 부족 국가인 팔레스타인 사람들은 물 대신 향유를 몸에 발랐다. 이유는 매일 씻지 못하기에 몸에서 나는 냄새를 억제하기 위함이다. 또한 향유는 사람이 죽으면 그 시체에 발라 냄새를 없애는 용도로 사용되었다. 귀한 손님이 찾아오면 손님 머리에 향유를 바르는 풍습도 있었다. 왕이나 제사장 취임식에도 사용되었다.

⑤ 마리아는 왜 손이 아닌 머리카락으로 예수님 발을 닦았을까?

당시 관습에는 주인 발을 닦아주는 사람은 그 사람 종이었다. 오빠 나사로를 살리신 예수님은 마리아에게 가장 귀한 분으로 자신이 친히 향유를 머리에 붓고, 머리카락으로 그분 발을 닦는 행위는 예수님에 대한 극진한 사랑과 헌신과 섬김 표시였다.

원래 예상대로라면 언니 마르다가 나서서 한마디 해야 하는 상황이다. 그런데 가룟유다가 나선다. "이 향유를 어찌하여 낭비하느냐 300데나리온에 팔아 가난한 자들에게 주는 것이 낫지 않겠느냐? 주님이 더 기뻐하지 않겠느냐?"

예수님 대변인 자리에 가룟유다가 서 있다.

요한복음 저자 사도 요한은 가룟유다와 마리아를 대비시킨다.

이 본문은 3년을 예수님과 함께한 제자들은 아직도 그 예수님을 모른다. 하지만 한 가난한 여인은 그 예수님을 온몸으로 알고 있었다. 그리하여 그 여인은 자기 전 재산과 같은 향유를 깨뜨릴 수 있었다.

⑥ 사도 요한은 이 본문으로 무엇을 말하고자 하는가?

요한복음 2장~12장은 7개 표적 이야기로 예수 그리스도는 누구인가를 말한다. 그 표적은 예수님을 말하며, 또한 예수 그리스도에 의해 펼쳐진 이 땅의 하나님 나라가 무엇인가를 말씀한다. 첫 표적과 마지막 표적.

- 가나 혼인 잔치, 물이 포도주가 되는 기적
- 맨 마지막 나사로를 살리신 기적

이제 예수님은 예루살렘 입성을 앞두고 있으며(유월절 엿새 전), 그 길은 죽음을 향한 길이다. 그 길을 예수님 제자가 아닌 한 헌신된 여인의 손길로 예비 되고 있었다.

적용점 찾기

① 하나님 나라는 어떤 곳인가?

하나님 나라는 명성 있는 자들에 의해 세워지는 곳이 아니다. 니고데모와 사마리아 여인, 유대인과 이방인, 가룟유다와 마리아. 대비되는 사람들에서 힌트를 얻을 수 있다.

고전 1:27~29 "그러나 하나님께서 세상의 미련한 것들을 택하사 지혜 있는 자들을 부끄럽게 하려 하시고 세상의 약한 것들을 택하사 강한 것들을 부끄럽게 하려 하시며 하나님께서 세상의 천한 것들과 멸시 받는 것들과 없는 것들을 택하사 있는 것들을 폐하려 하시나니 이는 아무 육체도 하나님 앞에서 자랑하지 못하게 하려 하심이라"

미련한 자들, 약한 자들을 들어 사용하시는 하나님, 그 나라에 내가 부름을 입었다.

② 예수님은 누구이신가?

예수님은 죽기 위하여 오신 왕이시다. 인류를 살리기 위한 죽음이다. 예수님 죽음과 고난은 굴욕, 비굴이 아닌 오히려 영광된 일이다. 예수님 고난은 영광 그 자체이다. 기득권 가진 자들이 창피를 당하고 있다. 예수님은 그 작은 여인의 이해될 수 없는 행동을 해석 하신다.

7-8절 "예수께서 이르시되 그를 가만두어 나의 장례할 날을 위하여 그것을 간직하게 하라 가난한 자들은 항상 너희와 함께 있거니와 나는 항상 있지 아니하릴 하시니라"

예수님 죽음과 고난받으심은 단순히 300데나리온뿐만 아니라 모든 것을 다 바쳐도 다시 살 수 없는 값진 선물이고, 그분이 바로 가장 소중한 선물임을 사도요한은 말하고 싶었다.

예수님 죽음은 위대한 일이다. 더 넓은 의미에서 우리가 이해할 수 없는 엉뚱한 행동 또한 하나님은 들어 때에 알맞게 사용하신다.

그러나 대비되고 있는 가룟유다는 말은 그럴듯하나 속은 이미 예수님과 상관없는 자이다.

"가난한 사람들에게" 훌륭한 말처럼 보이나 자선을 베풀고, 구제를 하고 보기 좋은 행동 아래 정작 믿어야 하는 예수가 누구인지 깨닫지 못하고 있었다.

다시 오실 예수님을 기다리는 우리에게 이 본문은 집중해야 할 일을 알게 한다. 번잡한 많은 일에서 예수님을 바라보는 순전함이 훈련되어야 한다.

③ 신앙생활 가장 중요한, 빼앗길 수 없는 본질은 무엇인가?

하나님이 누구이신가?

예수님이 누구이신가?

그분이 왜 나에게까지 오셔야만 했는가?

또한 예수님은 성령님을 우리에게 왜 허락하셨는가?이다.

가장 중요한 본질이다.

이 본질 이야기가 교회 공동체 안에 가득해야 한다.

교회는 그 본질 때문에 존재하는 곳이기 때문이며, 예수 그리스도를 통한 복음 오직 교회를 통해 전달되기 때문이다. 물론 교회는 가난한 자들, 연약한 자들을 위한 손길이 있어야 한다. 그러나 교회 존재 목적은 오직 하나님 영광에 있으며, 복음으로 사람을 살리는 데 있다. 하나님이 나를 아신다는 믿음과 더불어 신앙인의 첫째는 내가 하나님께 돌려야 할 영광이다.

④ 예수님을 위해 나는 무엇을 붙잡아야 하는가?

그럴듯한 말을 하기보다 하나님께 영광이 되는 행동을 해야 한다. 나는 목사이고, 한 교회 담임이고, 가정을 돌보는 엄마이다. 내가 하는 한마디, 한 행동에 주의하자. 하나님께 돌려야 할 영광을 가로채지 않도록 늘 심사숙고해야 한다. 바른말을 하되, 친절하고 살리는 말과 행동을 하자.

⑤ 어떻게 살 것인가?

누군가 하나님께 영광이 되기 위해 엉뚱한 행동을 할 때 이상하게 보지 말고, 더 성숙시켜 나가실 하나님께 찬양을 돌리자. 내 눈에는 엉뚱해 보여도 하나님은 그 또한 선으로 인도해 가신다. 나보다 더 크신 하나님께 시선을 옮기자. 가르치는 자세에서 품는 자세를 갖자.

암송구절

"가난한 자들은 항상 너희와 함께 있거니와 나는 항상 있지 아니하리라 하시니라"

준비	평소 일어나는 시간에서 30분씩, 조금씩만 앞당겨 보자. ⇨ 일주일 정도 실행 후 어느 정도 몸이 적응되면 ⇨ 다시 거기서 10분을 앞당긴다. ⇨ 5분 정도 찬양을 들으며 마음을 가다듬는다. 　(성령님을 의지하는 마음으로 시작한다.)
묵상 본문	**시편 117편**(가장 짧은 시편으로 시작하자.) 1절 너희 모든 나라들아 여호와를 찬양하며 　　너희 모든 백성들아 그를 찬송할지어다 2절 우리에게 향하신 여호와의 인자하심이 크고 　　여호와의 진실하심이 영원함이로다 할렐루야
묵상 읽기	1 천천히 읽어보자. 2 꼼꼼하게 읽어보자 (띄어서 읽어보자.). 3 낯설게 읽어보자 (처음 보는 말씀처럼 읽어보자.). 4 반복해서 읽어보자 (5번까지 인내하며 읽어보자).
본문 돋보기	1 계속 눈에 들어오는 단어는? 2 그 단어가 왜 들어올까(질문하자.)? 　 그 단어를 품고 다시 읽어보자. 3 전체 문맥 속에서 그 단어는 무엇을 의미할까? 4 하나님은 누구이신가? 5 나는 누구인가? 6 어떻게 살 것인가? 7 묵상 일기 8 감사 한 줄 9 표현하기 : 그림이든 시든 찬양 가사든, 무엇이든 표현해 본다.
실례	1 시편 117편에 눈에 띄는 단어는 '모든 나라들'과 '모든 백성들'이다. 2 질문 : "모든 나라들" "모든 백성들"이 왜 눈에 들어올까? 　　　 모든 나라들과 모든 백성들을 표현한 이유가 뭘까? 3 문맥 의미 : 모든 나라들과 모든 백성들은 하나님을 찬양해야 한다. 　　　 나라와 백성들 존재 이유는 하나님을 찬양하기 위함이다.

4 하나님은 누구이신가?

모든 나라들의 주인 이시다.

모든 백성들의 아버지이시다.

5 나는 누구인가?

나는 하나님 자녀이다.

하나님은 나의 주인이시다.

나는 오늘도 하나님을 찬양하는 사람이다.

6 하나님을 어떻게 찬양할까?

찬양의 의미를 깊이 한 번 되새겨보자.

찬양은 노래만을 의미하지 않는다.

찬양은 하나님을 경외하는 태도이다.

찬양을 종일 생각해 보자.

묵상 일기	시편 117편을 읊조리고 있다. 계속 모든 나라들과 모든 백성들이란 표현이 나를 붙잡는다. 모든 나라들, 백성들은 하나님을 찬양해야 하는 존재이다. 우리는 하나님을 찬양해야 한다. 찬양이 무엇인가? 하나님을 경외하는 태도이다. 하나님만 생각하는 마음이다. 하나님과 동행하고 있음에 감사를 표현하는 자세이다. 하나님을 찬양하는 사람은 주어진 모든 일에 감사한다. 주어진 모든 상황에 최선을 다한다. 나는 오늘 모든 일에 감사했을까? 나는 오늘 어떤 상황 속에서라도 급한 마음이 아닌 올곧은 마음으로 임했는가? 묵상은 나를 자유롭게 한다. 묵상은 나를 깊은 사람이 되게 한다.
감사 한 줄	"하나님을 찬양합니다. 나를 찬양의 도구가 되게 하시니 감사합니다."
표현하기	나를 지으신 주님 내 안에 계셔 처음부터 내 삶을 그에 손에 있었죠 내 이름 아시죠 내 모든 생각도 내 흐르는 눈물 그가 닦아 주셨죠

	반드시 묵상하는 사람이 되는 루틴 2단계(2주연습하기) **"전날 저녁에 다음날 읽을 본문을 미리 적어두기"**
준비	1 미리 적은 노트를 내 곁에 둔다. ⇨ 노트를 곁에 두면 아침 시간에 무엇을 할지 명확해진다. ⇨ 더 눕고 싶어도 간절함으로 일어나게 된다.
묵상 본문	**시편 1편**(익숙한 성경 본문을 읽자.) ⇨ 1편 전체 본문을 잡지 말고, 3절로 끊자. 1절 복 있는 사람은 악인들의 꾀를 따르지 아니하며 죄인들의 길에 　　서지 아니하며 오만한 자들의 자리에 앉지 아니하고 2절 오직 여호와의 율법을 즐거워하여 그의 율법을 주야로 묵상하는도다 3절 그는 시냇가에 심은 나무가 철을 따라 열매를 맺으며 그 잎사귀가 　　마르지 아니함 같으니 그가 하는 모든 일이 다 형통하리로다
묵상 읽기	1단계와 모두 같다.
본문 돋보기	9 표현하기 : 하나님과 대화를 시작하자. 10 암송 말씀을 적어 보자. * 2단계부터 하나님과 대화식 일기를 쓰기 시작한다.
관찰 노트	

오늘 말씀으로 하나님과 대화하기

하나님 오늘 복 있는 사람에 대한 말씀을 읽었습니다.
복 있는 사람은 하나님 말씀을 가까이하며,
항상 읊조리는 사람이었습니다.
그러나 악인, 죄인, 오만한 자들은 가벼운 잎사귀같이
들썩이는 사람입니다.
나는 어떤 사람이었을까요?
이미 바로 내가 복 있는 사람이 되었음을 깨달았습니다.
내 자리를 알게 하옵소서. 지키게 하옵소서.
언제나 하나님 말씀 붙들고 중심 있게 살아가게 하옵소서.

반드시 묵상하는 사람이 되는 루틴 3단계(2주연습하기)
"묵상 인증하기"

준비	오늘 묵상 사진으로 인증하자. 인증하는 것만으로도 계속하는 힘이 생긴다. 잘 해내고 있는 나를 칭찬하자.

시편 118편

⇨ 1절에서 7절까지 해보자.

묵상 본문	1절 여호와께 감사하라 그는 선하시며 그의 인자하심이 영원함이로다 2절 이제 이스라엘은 말하기를 그의 인자하심이 영원하다 할지로다 3절 이제 아론의 집은 말하기를 그의 인자하심이 영원하다 할지로다 4절 이제 여호와를 경외하는 자는 말하기를 그의 인자하심이 영원하다 할지로다 5절 내가 고통 중에 여호와께 부르짖었더니 여호와께서 응답하시고 나를 넓은 곳에 세우셨도다 6절 여호와는 내 편이시라 내가 두려워하지 아니하리니 사람이 내게 어찌할까 7절 여호와께서 내 편이 되사 나를 돕는 자들 중에 계시니 그러므로 나를 미워하는 자들에게 보응하시는 것을 내가 보리로다
묵상읽기	1단계
본문 돋보기	2단계와 같다
관찰 노트	

묵상
일기

감사 한 줄

표현하기

준비	5주차에는 하루 초점, 즉 계속해 나가는 힘을 실어주기 위한 확신 3가지를 적어 본다. 첫째, 나는 평생 하나님만 사랑합니다. 둘째, 모든 일이 하나님 계획안에 있으며, 나를 사랑하십니다. 셋째, 나는 오늘도 하나님을 찬양합니다.
묵상 본문	**시편 23편** 전체 도전. ⇨ 1절에서 7절까지 해보자. 1절 여호와는 나의 목자시니 내게 부족함이 없으리로다 2절 그가 나를 푸른 풀밭에 누이시며 쉴 만한 물 가로 인도하시는도다 3절 내 영혼을 소생시키고 자기 이름을 위하여 의의 길로 　　인도하시는도다 4절 내가 사망의 음침한 골짜기로 다닐지라도 해를 두려워하지 않을 　　것은 주께서 나와 함께 하심이라 주의 지팡이와 막대기가 나를 　　안위하시나이다 5절 주께서 내 원수의 목전에서 내게 상을 차려 주시고 기름을 　　내 머리에 부으셨으니 내 잔이 넘치나이다 6절 내 평생에 선하심과 인자하심이 반드시 나를 따르리니 　　내가 여호와의 집에 영원히 살리로다
묵상읽기	
본문 돋보기	
관찰 노트	

묵상
일기

감사 한 줄

표현하기

반드시 묵상하는 사람이 되는 루틴 5단계(2주연습하기)
"하루 종일 하나님 말씀 암송하기"

준비	7주차에는 하나님 말씀 본문을 암송한다. ⇨ 찾고, 적는 일을 멈추고 말씀 암송에 집중한다. ⇨ 일주간 계속 같은 본문을 암송한다. ⇨ 쓰고, 읽고, 쓰고, 읽고, 생각하는 일을 계속한다.
묵상 본문	**마태복음 5장 1절~16절** 1절 예수께서 무리를 보시고 산에 올라가 앉으시니 제자들이 나아온지라 2절 입을 열어 가르쳐 이르시되 3절 심령이 가난한 자는 복이 있나니 천국이 그들의 것임이요 4절 애통하는 자는 복이 있나니 그들이 위로를 받을 것임이요 5절 온유한 자는 복이 있나니 그들이 땅을 기업으로 받을 것임이요 6절 의에 주리고 목마른 자는 복이 있나니 그들이 배부를 것임이요 7절 긍휼히 여기는 자는 복이 있나니 그들이 긍휼히 여김을 받을 것임이요 8절 마음이 청결한 자는 복이 있나니 그들이 하나님을 볼 것임이요 9절 화평하게 하는 자는 복이 있나니 그들이 하나님의 아들이라 　　　일컬음을 받을 것임이요 10절 의를 위하여 박해를 받은 자는 복이 있나니 천국이 그들의 것임이라 11절 나로 말미암아 너희를 욕하고 박해하고 거짓으로 너희를 거슬러 　　　모든 악한 말을 할 때에는 너희에게 복이 있나니 12절 기뻐하고 즐거워하라 하늘에서 너희의 상이 큼이라 너희 전에 있던 　　　선지자들도 이같이 박해하였느니라 13절 너희는 세상의 소금이니 소금이 만일 그 맛을 잃으면 무엇으로 　　　짜게 하리요 후에는 아무 쓸 데 없어 다만 밖에 버려져 사람에게 　　　밟힐 뿐이니라 14절 너희는 세상의 빛이라 산 위에 있는 동네가 숨겨지지 못할 것이요 15절 사람이 등불을 켜서 말 아래에 두지 아니하고 등경 위에 두나니 　　　이러므로 집 안 모든 사람에게 비치느니라 16절 이같이 너희 빛이 사람 앞에 비치게 하여 그들로 너희 착한 행실을 　　　보고 하늘에 계신 너희 아버지께 영광을 돌리게 하라
묵상읽기	

본문 돋보기	
관찰 노트	
묵상 일기	
감사 한 줄	
표현하기	

주

1장 나에게 너무 버거운 묵상

1　2023. 7. 10 자유일보 mission 교계면

2　김기현, 『모든사람을위한성경묵상법』(서울:성서유니온, 2019), p.33.

3　박대영, 『묵상의 여정』(서울:성서유니온, 2013), p.50.

4　『대중문화사전』 지식백과 발췌

5　안셀름그륀,마인라드두프너, 『아래로부터의 영성』, 전현호 역, (경북: 분도출판 사, 1999), p.51.

6　김종원, 『문해력 공부』, (서울: RH코리아, 2020), p.55.

7　존 칼빈, 『기독교강요』, 원광연 역, (파주: CH북스, 2003), p.41.

8　웨스터민스터총회, 『웨스트민스터대요리문답해설』, 김태희 해설, (서울: 세움북 스, 2021), p.15.

9　빌렘판엇스페이커, 『루터와 칼빈이 말하는 참 신앙의 삼중주 기도, 묵상, 시련』, 황대우 역, (수원: 그책의사람들, 2012), p.107.

10　임재성, 『질문하는 독서법』(고양 평단, 2018), p.7.

11　박관수, 『행복한 묵상학교』, (서울: 두란노, 2023), p.18.

12　권광일, 『묵상수업』, (서울: 디씨티와이북스, 2020), p.13.

13 오대원, 『묵상하는 그리스도인』, 양혜정 역, (고양: 예수전도단, 2005), p.62.

14 박영선, 『생각하는 신앙』, (서울: 포이에마, 2015), p.14.

15 같은책, p.17.

16 서승동, 『묵상, 하나님을 알아가는 시작입니다』, (고양: 예수전도단, 2001), p.32.

17 전진호, 네이버 포스트 '인터브랜드' 2020. 12. 4일자.

18 트와일라타프, 『창조적습관』, 노진선 역, (문예출판사, 2006), p.29.

19 박대영, 『묵상의 여정』(서울:성서유니온, 2013), p.58.

20 김영봉, 『사귐의 기도』, (서울: IVP, 2002), p.19.

21 같은책, p.35.

22 리차드포스트, 『하나님과 함께하는 삶』, 정성묵 역, (서울: 랜덤하우스코리아, 2010), p.17.

23 에이든토저, 『하나님을 추구함』, 이영희 역, (서울: 생명의말씀사, 2006), p.12.

24 릭워렌, 『목적이 이끄는 삶』, 고성삼 역, (서울: 디모데, 2010), p.32.

25 헨리 나우엔, 『영성수업』, 윤종석 역, (서울: 두란노, 2007), p.55.

26 조선향토대백과, (평화문제연구소,2008), "http://www.cybernk.net/introduction" '밥'발췌.

27 이규현, 『묵상의 사람』, (서울: 두란노, 2018), 책표지 소개.

28 강영안, 『믿는다는 것』, (서울: 복있는사람, 2018), p.50.

29 이상환, 『Re:성경을 읽다』, (학영, 2023), p.18.

30 강영안, 『읽는다는 것』, (서울: IVP,2020), p.98.

31 같은책, p.25.

32 김종원, 『인간을 바꾸는 5가지 법칙』, (서울: 토네이도, 2021), p.207.

33 리차드포스트, 『하나님과 함께하는 삶』, 정성묵 역, (서울: 랜덤하우스코리아, 2010), p.91.

34 D.M로이드존스, 『성령론』, (서울: 새순출판사, 2000), p.327.

35 새찬송가 198장.

36 같은책, p.328.

37 같은책, p.61.

38 같은책, p.62.

39 권광일, 『묵상수업』, (서울: 디씨티와이북스, 2020), p.117.

3장 묵상, 이렇게 시작하자

40 네이버포스트, ybnomal, 70번 발췌.

41 2023년 1월 3일 자 국민일보 시사면, 우성규 기자

42 김병년, 『묵상과 일상』, (서울: 성서유니온, 2017), p.22.

43 김종원, 『마지막 질문』, (서울: 포르체, 2022), p.73.

44 김기현, 『모든사람을위한성경묵상법』(서울:성서유니온, 2019), p.51.

45 헨리 나우엔, 『영성수업』, 윤종석 역, (서울: 두란노, 2007), p.91.

46 김미경, 『마흔수업』, (서울: 엠케이유니버스, 2023), p.136.

47 헨리 나우엔, 『영성수업』, 윤종석 역, (서울: 두란노, 2007), p.95.

48 조윤제, 『다산의 마지막 습관』,(서울: 청림출판사, 2020), p.21.

49 같은책, p;39.

50 이규현, 『그대, 느려도 좋다』,(서울: 두란노, 2012), p.26.

51 같은책, p.29.

52 이규현, 『흘러넘치게하라』,(서울: 두란노, 2012), p.26.

53 김남준, 『마음지킴』, (서울: 생명의말씀사, 2008), p.36.

54 같은책, p.61.

4장 온몸으로 하자

55 강영안, 『읽는다는 것』, (서울: IVP,2020), p.76.

56 유진피터슨, 『이 책을 먹으라』, 양혜원역, (서울: IVP,206), p.32.

57 같은책, p.158.

58 김기현, 『모든사람을위한성경독서법』, (서울:성서유니온, 2022), p.26.

59 켄가이어, 『묵상하는 삶』, 윤종석역, (서울: 두란노, 2000), p.52.

60 김남준, 『마음지킴』, (서울: 생명의말씀사, 2008), p.111.

61 김병년, 『묵상과 일상』, (서울: 성서유니온, 2017), p.139.

62 유진피터슨, 『이 책을 먹으라』, 양혜원역, (서울: IVP,206), p.155.

63 같은책, p.169.

64 같은책, p.170.

65 김병년, 『묵상과 일상』, (서울: 성서유니온, 2017), p.46.

66 같은책, p.50.

67 이금희, 『국어수업』, (서울: 피서산장, 2019), p.108.

68 고든디피.더글라스스튜어트, 『성경을어떻게읽을것인가』, 오광만역, (서울: 성서
    유니온, 1998), p.28.

69 존파이퍼, 『존파이퍼의 성경읽기』, 홍종락역, (서울: 두란노, 2017), p.54.

70 박대영, 『묵상의 여정』(서울:성서유니온, 2013), p.40.

71 헨리 나우엔, 『실천하는영성』, 양창삼역, (서울: 예찬사, 2008), p.48.

72 김기현, 『모든사람을위한성경독서법』, (서울:성서유니온, 2022), p.145.

73 크리스챤투데이 2021년 5월 30일 '목회 신학'편 채영삼글 발췌.

74 강영안, 『믿는다는 것』, (서울: 복있는사람, 2018), p.81.

75 존파이퍼, 『존파이퍼의 성경읽기』, 홍종락역, (서울: 두란노, 2017), p.424.

76 김종원, 『문해력 공부』, (서울: RH코리아, 2020), p.56.

77 김경은, 『묵상과 기도』, (서울: 성서유니온,2023), p.30.

78 나태주, 『꽃을 보듯 너를 본다』, (서울: 지혜, 2015), p.74.

79 박웅현, 『문장과 순간』, (파주: 인티앤 2022), p.79.

80 박대영, 『묵상의 여정』, (서울:성서유니온, 2013), p.292.

81 잔느귀용, 『예수그리스도를 깊이 체험하기』, (서울:생명의말씀사, 2012), p.39.

82 같은책, p.51.

83 오스기니스, 『오늘을 사는 이유』, 홍병룡역, (서울:IVP, 2020), p.208.

84 전대진, 『하나님, 저 잘 살고 있나요?』, (서울:넥서스CROSS, 2022), p.15.

85 김익환, 『거인의 노트』, (서울:다산북스, 2023), p.24.

86 박웅현, 『문장과 순간』, (파주:인티앤 2022), p.51.

87 헨리 나우엔, 『영성수업』, 윤종석 역, (서울:두란노, 2007), p.134.

88 한근태, 『고수의 독서법』, (서울:이지퍼블리싱, 2020), p.297.

89 김선영, 『어른의 문해력』, (서울:블랙피쉬, 2022), p.5.

90 2021년 10월 25일 자 한겨레 신문 인지종교학자 구형찬종교 '문해력이 필요한 사회"기사 발췌.

91 박세당, 박세호, 『난독의 시대』, (파주:다산스마트에듀, 2022), p.36.

92 2023년 3월28일자 '일요시사' '성인들의 심각한 문해력 저하, 향상 방법은?' 이지현PD 글 발췌.

93 이찬수, 『지금 변하지 않으면 내일은 없다』, (서울:규장, 2023), p.105.

94 고토하야토, 『나는 아침마다 삶의 감각을 깨운다』, 조사연역, (서울:21세기북스), p.1.

95 박관수, 『행복한말씀묵상학교』, (서울:두란노, 2023), p.188.

96 헨리블랙가비&클로드킹, 『하나님을 경험하는 삶』, 문정민역, (서울:요단,2015), p.158

97 옥명호, 『나를 넘어서는 성경 묵상』, (서울:비아토르, 2022), p.43.

98 박관수, 『행복한말씀묵상학교』, (서울:두란노, 2023), p.40.

99 김남준, 『깊이 읽는 여덟 가지 복』, (서울:생명의말씀사, 2023), p.34.

100 박영선, 『성화의 신비』, (서울:무근검, 2019), p.31.

101 박대영, 『묵상의 여정』, (서울:성서유니온, 2013), p.85.

묵상,
그 위대한 발걸음을 당신이 시작하셨습니다

지은이 송은진

발행일 초판 1쇄 발행 2023년 12월 14일
발행인 김도인
펴낸곳 글과길

출판사 등록 제2020-000078호[2020.5.29.]
서울특별시 송파구 삼학사로 19길 5 3층
wordroad29@naver.com
편집부 박혜정
삽화 심효섭
디자인 안영미
공급처 하늘유통
경기도 파주시 광탄면 분수리 350-3
전화 031—947-7777
팩스 0505-365-0691
©2023, Kim Do In allrights reserved
ISBN ISBN 979-11-984685-5-0 03230
값 15,000원